Biblioteca de
DERECHO FRANCÉS

Mauricio Tapia Rodríguez
(Director)

Carlos Antonio Agurto Gonzáles
Sonia Lidia Quequejana Mamani
Benigno Choque Cuenca
(Coordinadores Generales)

JEAN-LOUIS HALPÉRIN
Profesor de Historia del Derecho
École Normale Supérieure
(Francia)

El código civil

Traducción efectuada por
Mary Paz Muñoz Pizarro
bajo la dirección de **Mauricio Tapia Rodríguez**

Ediciones Olejnik

Edición al cuidado de
Carlos Antonio Agurto Gonzáles
Sonia Lidia Quequejana Mamani
Benigno Choque Cuenca

Título: El Código Civil.

Traducción de Mary Paz Muñoz Pizarro

Edición: 2019

Ediciones Olejnik
Huérfanos 611, Santiago-Chile
E-mail: contacto@edicionesolejnik.com
Web site: http://www.edicionesolejnik.com

ISBN: 978-956-392-403-9

Diseño de carátula: Ena Zuñiga

Diagramación: Hayden Méndez, yiset_mendez@hotmail.com

Impreso en Argentina 2019 Printed in Argentina

Índice

Agradecimientos 13
Prólogo 15
Leer también 16

Capítulo I: La Realización del Código Civil

Sección 1: Ideas y tentativas de codificación
I. Sueños de unidad en el Antiguo Régimen. 18
A) Las vacilaciones de la monarquía 18
B) Timidez en los juristas a la hora de reformar. 20
II. Los ambiciosos proyectos de la Revolución 21
A) Los proyectos revolucionarios de la Convención. 22
B) Los proyectos más moderados de fines de la Revolución. 24

Sección 2: La redacción del Código Civil
I. La elaboración del proyecto 26
A) Los cuatro signatarios del proyecto 26
B) El proyecto del año IX 27
II. La discusión del proyecto. 28
A) Las observaciones de los tribunales. 28
B) Los trabajos del Consejo de Estado 28
C) La limitación del debate en las asambleas 29
III. La elección de las técnicas de redacción 30
A) Un Código abierto. 30
B) Un Código sistemático 31
Leer también 32

Capítulo II: Una legislación para padres de familia

Sección 1: Tras el individuo, la familia
I. De la determinación de los titulares de los derechos civiles. 33
A) De la condición de Francés 34

B) De la pérdida de los derechos civiles. 34
II. Del estado civil de las personas. 35
A) Del domicilio. 35
B) De la ausencia. 36

Sección 2: Las relaciones personales dentro de la familia
I. Matrimonio enaltecido, divorcio tolerado. 36
A) Un contrato sujeto al control de la familia y del Estado 36
B) Una sociedad desigual 37
C) El divorcio, "remedio extremo". 38
II. De la filiación. 39
A) La filiación legítima y el "reposo de las familias" 39
B) La filiación natural y los imperativos del orden social. 40
C) La adopción, un "ensayo en materia de legislación". 41
III. El orden en la familia: de la potestad paterna y las incapacidades. 42
A) De la magistratura paterna 42
B) De la tutela y la emancipación 43
C) De los mayores incapaces. 44

Sección 3: Las relaciones patrimoniales y la familia
I. La libertad enmarcada de las convenciones matrimoniales 45
A) Del régimen de comunidad 46
B) Del régimen dotal 46
C) Un abanico de cláusulas a elección de las partes 47
II. La legislación "liberal" de las sucesiones. 48
A) Órdenes de sucesión, órdenes de afección. 48
B) "Libertad compatible con los deberes de familia" 49
Leer también 52

Capítulo III: El breviario de los propietarios

Sección 1: Definición y delimitación de la propiedad
I. Una definición revolucionaria de la propiedad. 53
A) El derecho a gozar y disponer de las cosas. 54
B) "De la manera más absoluta". 54
C) Limitar por vía legal y reglamentaria. 55
II. Un derecho de los bienes más tradicional. 56
A) La distinción de los bienes y su alcance. 56

B) Las modificaciones de la propiedad. 57

Sección 2: La transferencia, explotación y garantía de la propiedad

I. La teoría de las obligaciones al servicio de la propiedad 58
A) De la fuerza de las convenciones. 58
B) Del alcance de las obligaciones no convencionales. 60
II. De los contratos especiales y la prosperidad de los propietarios 61
A) De la compraventa, entre libertad y vigilancia 61
B) Del arrendamiento y sus diferentes aspectos. 62
C) De los contratos onerosos. 63
D) De los contratos de naturaleza gratuita. 64
III. De las garantías y resguardos de los propietarios. 64
A) De la fianza y la circulación de los capitales. 65
B) De la prenda. 65
C) Del sistema hipotecario. 66
Leer también 68

Capítulo IV: Un siglo de lecturas del Código Civil (1804-1904)

Sección 1: Las críticas al Código Civil.

I. Un Código demasiado revolucionario. 69
A) Montlosier: una crítica anticipada del Código Civil. 69
B) Rehberg y el despertar de los pueblos contra el Código Civil. 70
C) Savigny o la teoría de la anticodificación. 71
II. Un Código destructor de la familia. 72
A) La visión ultrarrealista y legitimista del Código Civil. 72
B) Continuidad y renovación de la crítica conservadora del Código Civil. 73
III. Un Código autoritario. 74
A) Las preocupaciones de los liberales. 74
B) La voz aislada de un militante republicano. 75
C) El Código Civil tildado de "Código burgués". 75
D) El Código Civil en la mira de las feministas. 76

Sección 2: Defensa e interpretación del Código Civil

I. La apología de una obra maestra. 77
A) Las cualidades formales y técnicas del Código Civil. 77
B) El alcance político y social del Código Civil. 78

C) El valor moral del Código Civil. 78
II. La interpretación de una Biblia jurídica. 79
A) Una interpretación liberal paulatina. 79
B) Una visión "democrática" del Código Civil. 80
C) El Código Civil, un patrimonio nacional. 81
Leer también 82

Capítulo V: La mirada de los historiadores

Sección 1: La genealogía del Código Civil
I. El peso de la tradición. 83
A) La victoria del derecho francés. 84
B) El tratamiento del derecho romano. 85
II. El lugar de la modernidad. 85
A) El aporte del derecho natural moderno. 85
B) El derecho de la Revolución, ¿un modelo a descartar o a imitar? 86

Sección 2: La ideología del Código Civil
I. La atmósfera durante los trabajos preparatorios. 88
A) Opiniones pesimistas acerca de la naturaleza humana. 88
B) Límites jurídicos para reconstruir la sociedad. 88
II. Un ámbito de confrontación ideológica. 89
A) El eclecticismo de Portalis. 89
B) Entre contrarrevolución y liberalismo 90
III. Más allá de la ideología. 91
A) ¿Un Estado sin ideología? 91
B) La pervivencia de una antigua cultura jurídica. 92

Sección 3: La sociología del Código Civil
I. Un Código a la medida de los notables. 92
A) El poder de los propietarios rústicos. 92
B) ¿Qué división de las fortunas? 93
II. Un Código para canalizar el cambio social. 94
A) Favorecer y moralizar el comercio. 94
B) Contener y enmarcar a los proletarios. 95
Leer también 96

Capítulo VI: El destino del Código Civil

Sección 1: Del Código Napoleón al Código Civil del siglo XXI

I. 80 años de imperio casi absoluto. 97
A) La moderación del legislador 98
B) La actitud cuidadosa de la doctrina 99
C) La mesurada audacia de la jurisprudencia. 99
D) Fenómenos locales de resistencia. 100
II. Más allá del Código Civil, por el Código Civil. 101
A) De la reforma a la descodificación. 101
B) ¿Revisar o refundir esta obra? 102
C) ¿Un marco superado? 103
D) Un tronco común aún plenamente vigente. 104

Sección 2: La influencia del Código Civil fuera de Francia

I. Una expansión vinculada al imperialismo napoleónico 104
A) La aplicación del Código Civil en el Gran Imperio. 104
B) El Código Civil en los Estados satélites de Francia. 105
II. La elección de mantener el Código Civil. 106
A) Del reino de los Países Bajos a una Bélgica independiente 107
B) El caso polonés. 107
C) El combate de las poblaciones renanas. 107
D) La diversidad italiana. 108
III. La influencia de un modelo. 109
A) El Código Civil y la ola de codificación en Europa 109
B) Un destino desigual en América. 109
C) Una exportación limitada en África y en Asia. 110
Leer también 112

Agradecimientos

Al profesor Jean Louis Halpérin por su autorización para traducir esta obra con fines académicos y por su apoyo y reconocimiento.

Al profesor Mauricio Tapia de la Universidad de Chile, quien gestionó que esta traducción pudiera realizarse como memoria de prueba, contactó al autor para solicitar su autorización y dirigió su realización.

Muchas gracias.

Prólogo

Jean-Louis Halpérin

Se requieren algunas palabras para explicar el título de esta obra. No se trata de una edición del Código Civil, sino de un ensayo sobre historia del derecho. Que una legislación promulgada en 1804 pueda estudiarse casi dos siglos más tarde según el método histórico no tiene nada de sorprendente. Sin embargo, el Código Civil constituye un tema de investigación relativamente difícil de abarcar, ya que reúne y continúa incorporando muchas disposiciones legislativas de distintos campos del derecho civil. Podemos y debemos preguntarnos siempre *de qué Código Civil* estamos hablando: ¿del Código Napoleón; del código actual o de todas las transformaciones que ha experimentado de 1804 a la fecha; de una compilación de artículos que se han aplicado con mayor o menor frecuencia; o de un conjunto coordinado del que emanaría la esencia del derecho civil francés?

Debemos basarnos en algunos supuestos. En primer lugar, el Código Civil se ha considerado como un *libro,* es decir, como una obra dotada de un mínimo de coherencia. Pese a que nadie lo lee de una sola vez de principio a fin, este libro se ideó y redactó de manera homogénea y ordenada, y no se limita a una compilación de textos superpuestos. Por otro lado, dimos prioridad a la versión original de este libro, tal como fue publicado en 1804. El primer capítulo de esta obra versa sobre la concretización del Código Civil, el nacimiento de un código redactado y puesto en vigencia a partir de una idea de codificación. Los capítulos II y III proponen, mediante la presentación de los trabajos preparatorios, un análisis del "perfil" del Código Civil en torno a dos grandes ejes: la familia y la propiedad. Más que demostrar cómo se ha aplicado —lo que hubiese requerido abarcar casi todo el derecho civil francés, pasado y presente—, se intenta mostrar cómo se ha comprendido y recibido esta legislación. Así, el capítulo IV examina las principales lecturas del Código Civil a lo largo de un siglo de apasionados debates sobre la codificación (1804-1904). A continuación, el capítulo V da cuenta de los análisis más recientes de los historiadores. Por último, el capítulo VI muestra a grandes rasgos qué acogida tuvo este Código en Francia y el extranjero. De esta manera, se pretende proporcionar a los estudiantes la mayor cantidad de información posible sobre la historia del Código Civil y, gracias a esta multiplicidad de puntos de vista, ayudarles a *leer* un monumento del derecho dotado de gran riqueza y que aún se mantiene plenamente vigente.

Leer también

- Ewald F. (dir), *Naissance du Code civil,* París, Flammarion, 1989.
- Fenet P.-A., *Recueil complet des travaux préparatoires du Code civil,* París, 1827, 15 vol.
- *Le Code civil français. Evolution des textes depuis 1804,* París, Dalloz, 2000.
- Edición *Garnier-Flammarion* con los textos sucesivos desde 1804 a nuestros días.
- Ediciones *Dalloz del "petit" Code civil de 1902 au Megacode de 1995.*
- Locré J.-G., *La législation civile, commerciale et criminelle de la France,* París, 1827-1832, 31 vol.

Capítulo I: La Realización del Código Civil

Cuando, el 30 ventoso del año XII (21 de marzo de 1804), se ordenó la reunión en "un solo cuerpo de leyes, bajo el título de *Código Civil de los Franceses*", de los treinta y seis textos que se votaron en el año XI y XII, es una empresa de largo aliento la que llegaba a término. Unificar el derecho privado francés era una vieja idea, ya concebida en tiempos de Luís XI y evocada varias veces durante el Antiguo Régimen. Los juristas de la monarquía no habían ido más allá, sin embargo, del bosquejo de un esquema de código. Fue necesaria la ruptura revolucionaria para que aparecieran verdaderos proyectos de Código Civil, propuestos a las asambleas sucesivamente durante diez años sin que ningún texto definitivo fuese admitido a votación. La edad de las tentativas había sucedido a la era de las ideas (sección 1). Los cuatro años de régimen de Consulado se revelaron los más propicios a la elaboración y adopción de un Código Civil. Con Bonaparte y el fin de la Revolución, llegó el momento de pasar de los sueños a la realidad de la codificación del derecho privado francés (sección 2).

Sección 1: Ideas y tentativas de codificación.

El término "código" viene del latín *codex,* utilizado para designar un libro compuesto de tablillas o de hojas cosida. Esta forma de obraje reemplazó, en los últimos siglos del Imperio romano, los rollos tradicionales que se desplegaban para leer. Fue particularmente utilizada para obras de derecho y, más específicamente, para compilaciones de textos legislativos emanados de los emperadores. Se trataba, en primer lugar, de colecciones de iniciativa privada y posteriormente de compilaciones oficiales con el *Código Teodosiano* (438) y, en la época bizantina, el *Código Justiniano* (534). Al reproducir constituciones imperiales que datan del siglo II al VI, repartidas en 12 libros referidos al derecho privado, derecho penal y derecho público a la vez, el *Código Justiniano* proporcionó durante siglos un modelo inigualado. A través de este se asoció a la noción de código la idea de un conjunto legislativo organizado que procura un mejor conocimiento del derecho.

El *antiguo derecho* francés, formado progresivamente desde el año Mil, se mantuvo ajeno por largo tiempo a estas concepciones. La época feudal correspondió a la casi desaparición del poder legislativo del rey y al imperio de la *costumbre* en el derecho privado. El redescubrimiento de las compilaciones de Justiniano, a partir del siglo XII, no condujo al fenómeno de *recepción* del derecho romano en Francia, que hubiera dado fuerza de ley al Código Justiniano en todo el reino. La idea de codificación no se vincula, como en otros países de Europa, a la transformación de un *derecho común* inspirado en el derecho romano. Aparece, en los últimos siglos del Antiguo Régimen, como una aspiración a la unidad de un derecho francés supeditado a la autoridad del rey (I). La Revolución le dio una dimensión aún más reformista al exaltar el rol de la ley como instrumento de regeneración de la sociedad (II).

I. SUEÑOS DE UNIDAD EN EL ANTIGUO RÉGIMEN.

Desde el siglo XVI al siglo XVIII, el antiguo derecho privado francés seguía caracterizado por el fraccionamiento territorial y la pluralidad de sus fuentes. Al norte y al centro de Francia se encontraban vigentes no menos de 65 costumbres generales (y más de 300 costumbres locales que derogaban, en algunos aspectos, a las precedentes), redactadas en su mayor parte en el siglo XVI. Al sur de estos países de costumbres, los países denominados de *derecho escrito* habían adaptado el derecho romano a las condiciones locales de acuerdo a la jurisprudencia propia de cada parlamento. A estas dos fuentes fundamentales de derecho privado se sumaban, en todo el reino, la fuerza obligatoria del derecho canónico en ciertas materias (como el matrimonio), la autoridad del derecho romano en calidad de *razón escrita* (especialmente en el ámbito de las obligaciones) y la influencia de las interpretaciones doctrinales y jurisprudenciales. Todas estas reglas eran aplicadas en virtud de una concesión supuestamente emanada del rey, titular de una potestad legislativa exclusiva que le permitía, en teoría, legislar de acuerdo a su voluntad acerca del derecho privado de sus súbditos.

Al desarrollarse el sentimiento nacional, es a esta realidad tan diversa que se enfrentan los sueños de unidad susceptibles de conducir a un proceso de codificación del derecho privado francés: la monarquía lo consideró, pero dudó en comprometerse por esta vía (A), mientras que los juristas se mostraban tímidos en el terreno de la codificación (B).

A) Las vacilaciones de la monarquía.

El siglo XVIII ve el desarrollo de una primera ola de codificación en Europa. Luego de la publicación de recopilaciones de leyes en Piamonte-Cerdeña (1723) y de un Código Civil en Baviera (1756), Prusia, impulsada por Federico II, se lanzó en la vía de las reformas: publicó un primer proyecto en 1749-1751 (traducido al francés), luego el canciller Carmen, con la colaboración de los juristas Suárez y Klein, produjo una segunda versión (1780-1786). Este extenso trabajo concluyó solo en 1794 con la publicación del *Allgemeines Landrecht,* un código general de más de 19.000 artículos, que abarcaba tanto el derecho civil, como penal, feudal y eclesiástico.

Comparadas con este programa de codificación, que suscitó el interés de toda Europa, las producciones legislativas de la monarquía francesa en materia de derecho privado parecen bastante limitadas. A pesar de su multiplicación desde el siglo XVI, las ordenanzas reales aludieron solo rara y puntualmente al derecho civil: a título de ejemplo, la gran ordenanza de reforma de Blois contaba con 5 artículos sobre el derecho matrimonial de un total de 363. Debe esperarse la obra del canciller Daguesseau (1668-

1751) para que fuese concebido y muy parcialmente ejecutado un verdadero programa de legislación civil. Con la idea de una "especie de código" como perspectiva lejana, y como objetivo más realista la redacción sucesiva de textos que unificaran la jurisprudencia "por partes", Daguesseau redactó tres importantes ordenanzas sobre las donaciones (1731), los testamentos (1735) y las sustituciones (1747), aplicables tanto en los países de costumbres como en los de derecho escrito.

No solo Daguesseau tuvo que renunciar a extender su método a las reglas de la sucesión *ab intestato* o al derecho de las obligaciones, sino que sus sucesores no osaron mostrar la misma audacia legislativa. En la segunda mitad del siglo XVIII, los consejeros del monarca se limitaron a bosquejar programas de codificación bastante modestos. En 1759, los dos magistrados Laverdy y Langlois (dos consejeros del Parlamento de París, llegando a ser el primero contralor general de finanzas desde 1763 a 1768) propusieron progresar hacia la uniformidad de las costumbres por vía legislativa, aunque manteniendo las "disposiciones totalmente opuestas". En 1771, el canciller Maupeou pensó reducir las particularidades "demasiado aberrantes" de ciertas costumbres e hizo redactar un trabajo, que posteriormente no fue retomado, sobre la costumbre de Normandía. Finalmente, el Ministro de la Justicia Lamoignon, al crear en mayo de 1788 una *Cour plénière*[1] encargada de garantizar la uniformidad de la legislación real mediante un registro único, evocó el deseo del rey de simplificar las costumbres y reducir las disparidades.

Por falta de voluntad política, la monarquía francesa no llegó más lejos que estos prudentes bosquejos. Tradicionalmente, el rey de Francia había limitado sus intervenciones en el terreno del derecho privado, "que concierne a los particulares". Así, las grandes ordenanzas, debidas a la iniciativa de Colbert durante el reinado de Luis XIV (calificadas a veces de *Código Luis)*, se referían al procedimiento (civil en 1667 y penal en 1670), el comercio, la marina, las colonias o las aguas y los bosques: temas que incumbían directamente al Estado así como al buen funcionamiento de la justicia. En cambio, respecto al derecho de familia, de los bienes (con la difícil cuestión de los derechos feudales) e incluso de los contratos, el rey prefería respetar la diversidad del derecho, de origen consuetudinario o romano, propio a cada uno de los "países" que componían el reino. Se consideraba generalmente que estas provincias habían sido "entregadas a Francia con la carga y condición de mantenerlas con el uso de sus leyes y costumbres" (Auzanet). Además, trastornar las estructuras de una sociedad de órdenes fundada en la noción de privilegio, es decir, precisamente de regla derogatoria de una ley común, no era cosa de la realeza.

Este rechazo por uniformar el derecho privado por vía de autoridad ilustra bien las diferencias que separaban a la monarquía francesa de los "déspotas ilustrados" del siglo de las Luces. Los reyes de Francia hubiesen ciertamente aprobado la frase de Montesquieu "Si los ciudadanos obedecen las leyes, poco importa que obedezcan una misma". No pretendían forzar a sus pueblos a adoptar una ley civil única, imponiendo una costumbre sobre otra, ni inspirarse en un derecho romano que siempre fue considerado ajeno. Los

1 N. del T.: Reunión en pleno de los jueces o ministros de una Corte francesa.

parlamentos estaban allí también para recordarles que "la voluntad del rey para ser justa debe variar según las provincias". La realeza se mostraba aún menos interesada en introducir "novedades chocantes" en el derecho civil. Ya se estaba encontrando con bastantes obstáculos con sus reformas fiscales o judiciales como para agregar un tema más de descontento.

B) Timidez en los juristas a la hora de reformar.

Si bien era el rey quien exclusivamente tenía el poder para unificar el derecho privado por vía legislativa, correspondía a los juristas a través de sus métodos e ideas favorecer o no una eventual codificación. Frente al particularismo costumbrista, que conducía a los practicantes a hacerse intérpretes del solo derecho de su provincia, se había consolidado desde el siglo XVI (con precursores como Dumoulin y Hotman) una aspiración a la unidad del derecho consuetudinario. Al comparar las costumbres (en obras denominadas "conferencias" o "agregatorias") y al dar frecuentemente la preferencia a la costumbre de París, los juristas se habían esforzado por elaborar un *derecho común consuetudinario.* Durante el reinado de Luis XIV, Lamoignon (primer presidente del Parlamento de París) había redactado una serie de artículos con el objeto de "reducir todas las costumbres a una sola". Este proyecto privado quedó inconcluso y Lamoignon reconocía que la diversidad de las costumbres raramente podía reducirse a un principio único, sin hablar siquiera de un acercamiento con el derecho escrito.

Una segunda corriente intentó, en cambio, elaborar un derecho privado conforme a la razón y, como tal, susceptible de constituir un modelo para todo el reino. En las *Lois civiles dans leur ordre naturel* (1689-1694), Domat no se limitó a la exposición de las reglas jurídicas aplicables a Clermont (un enclave de derecho escrito en la costumbre de Auvernia). Inspirándose en el derecho romano, depósito histórico de ciencia y razón, quiso reunir en un solo cuerpo todas las máximas en uso del derecho civil según "un orden simple y natural". Una quincuagésima de años más tarde, Pothier (1699-1772), el más ilustre de los profesores de "derecho francés" establecidos en las Facultades de derecho desde 1679, propuso en sus tratados temáticos un orden distinto del derecho existente, acercando las costumbres de Orleans y de París al derecho romano. En el mismo sentido, la obra de Bourjon *Le droit commun de la France et la coutume de Paris réduits en principe* (1747), fue para la costumbre de París lo que Domat había realizado con el derecho romano. Innovando en la forma de exposición más que en sus contenidos, estos trabajos aportaron más claridad al derecho vigente. Pero sus autores, que jamás evocaron la idea de codificación, no indicaban ningún medio concreto para lograr unificar el derecho privado francés.

En las últimas décadas del Antiguo Régimen, los practicantes del derecho se mantuvieron, en su gran mayoría, apegados al comentario de las costumbres o del derecho escrito. Muchos no pudieron más que constatar la "diversidad de las leyes" y la incapacidad del derecho común consuetudinario, reducido a un "*ser de razón*", para aplicarse en todo Francia. Si bien el escepticismo conservador y el respeto de la tradición predominaron ampliamente, existieron algunas voces discordantes. En 1771, Guyton de Morveau, un abogado general del Parlamento de Borgoña, quiso remover la inercia del entorno, proponiendo reunir un comité de jurisconsultos para exponer en una veintena de capítulos los principios que "luego de un detenido examen" se consagrarían por autoridad del rey. Más radical, el abogado Linguet denunció, en su *Théorie des lois civiles* (1767), el arcaísmo y abigarramiento de las reglas del derecho privado. Al poner como modelo las leyes de los sultanes, clamó por una profunda modificación de las leyes civiles. En el ámbito de la barra de abogados, las críticas respecto de la "barbarie" de las costumbres y las reivindicaciones por una reforma del derecho progresaron en los años 1770-1780.

Al mismo tiempo, la noción de codificación, que había suscitado las reservas más extremas de Montesquieu *(Esprit des lois,* libro XXVIII, capítulo 37), recibía la aprobación de filósofos como Diderot (¡que buscaba aconsejar a Catalina II de Rusia!) o de Rousseau (en las *Considérations sur le gouvernement de Pologne,* 1772). El código que soñaban estos dos autores ya no era concebido como una compilación de leyes preexistentes, sino como un conjunto ordenado (de preferencia claro, corto y preciso) de nuevas leyes concordantes con el espíritu del siglo, que para los más innovadores, exigía igualdad en las sucesiones o la introducción del divorcio.

En los años 1780, dos obras pueden ser consideradas, a pesar de no estar redactadas en artículos, como los primeros proyectos privados de Código Civil. En *Les lois civiles et l'administration de la justice* (1782-1783), el abogado Pétion se declaraba a favor de la instauración del divorcio, la abolición del derecho de primogenitura (que privaba a las hijas casadas de toda sucesión) y por el reconocimiento del derecho a suceder de los hijos naturales cuando no existieran hijos legítimos. El abogado de Caen, Picard de Prébois era más moderado, no obstante abogaba por la "necesidad de reformar [nuestras] leyes", escogiendo en 1788 un título premonitorio: *Introduction à un seul code de lois*[2].

II. Los ambiciosos proyectos de la Revolución.

Al iniciarse el año 1789, los *cahiers de doléances*[3] aún expresaban la división entre quienes aspiraban a la unidad del derecho y quienes se mantenían apegados a los particularismos locales. Con la metamorfosis de los Estados Generales en Asamblea nacional constituyente, la abolición de los privilegios (4 de agosto de 1789) y la Declaración de derechos del hombre y del ciudadano (26 de agosto de 1789) marcaron el advenimiento del reino de la ley con sus nuevas características de omnisciencia y uniformidad. Los constituyentes fueron en su mayoría favorables a una codificación del derecho privado, coherente con su proyecto racional de regeneración de la nación a través del legislador. Mirabeau se había interesado en la codificación prusiana y Siéyès había definido a la nación como un "cuerpo de asociados viviendo bajo una ley común y representados por la misma legislatura". A la distinción operada entre derechos políticos y derechos civiles debía lógicamente corresponder

2 N. del T.: "Introducción a un solo Código de Leyes".

3 N. del T.: libros de quejas y reclamaciones.

la redacción paralela de una constitución y de códigos de leyes. Así, la Constitución de 1791, retomando un artículo de la ley judicial de los días 16-24 de agosto de 1790, afirmaba desde su título primero: "Será realizado un Código de leyes civiles comunes a todo el reino".

Si bien la revolución jurídica de 1789 sorteó una parte de los obstáculos que se oponían a la codificación del derecho privado bajo el Antiguo Régimen, no hizo desaparecer todas las dificultades de tal empresa. Por lo demás, la redacción de un Código Civil no estaba entre las prioridades de la Constituyente: la reforma penal predominó en urgencia y el primer código en Francia que vio el día fue el Código Penal, votado en 1791. En materia civil, se sometieron a la Constituyente solo proyectos privados que no fueron discutidos: el *Nouveau Code civil* del jurista aviñonés d'Olivier y el *Projet de législation civil* del abogado Philippeaux. Estos dos bosquejos (el proyecto de Olivier estaba, sin embargo, redactado en artículos) no eran sino la continuación de los esfuerzos que se habían hecho durante el Antiguo Régimen por alcanzar una unificación gradual de la costumbre de París y el derecho romano. La prudencia se impuso por sí sola al legislador apenas surgieron temas sensibles como el matrimonio o las sucesiones. Mediante la ley de 8-14 de abril de 1791, la Constituyente se limitó con abolir las desigualdades en las sucesiones legítimas, sin alterar la porción de libre disposición. El reconocimiento del matrimonio-contrato civil (ya presente en la Constitución de 1791) condujo a que el 20 de septiembre de 1792, en la última sesión de la Asamblea legislativa, se organizara el estado civil y se introdujera divorcio. Tuvo que esperarse a la Convención para que fueran propuestos los primeros proyectos oficiales de Código Civil, los que fueron rechazados por la asamblea (A). A estos proyectos de carácter revolucionario sucedieron, sin mayor éxito, proposiciones de índole más moderada, que manifestaban el retroceso de la Revolución (B).

A) Los proyectos revolucionarios de la Convención.

El 9 de agosto de 1793, Cambacérès, presidente del comité de legislación, presentó a la Convención un proyecto de Código Civil. Este texto había sido preparado en dos meses, mientras que la constitución del año I era votada y sometida a su aprobación popular. Apasionados por la indivisibilidad de la República ante la "hidra" del federalismo, asociado a los Girondinos proscritos, los diputados montañeses habían querido llevar el espíritu de igualdad y unidad al cuerpo de las leyes civiles. Una docena de miembros del comité de legislación (todos juristas con especializaciones en derecho civil como Berlier, Oudot, Garran-Coulon o Merlin de Douai) habían trabajado bajo la dirección de Cambacérès (oficialmente encargado de revisar el derecho de las garantías) para realizar un texto de 719 artículos, ayudándose de una biblioteca que reunía obras del antiguo derecho y de la filosofía de las Luces,

Cambacérès, quien repudiaba casi totalmente la herencia del antiguo régimen contraria a una legislación depurada y resumida, pretendía construir este primer proyecto "sobre la tierra firme de las leyes de la naturaleza y sobre el suelo virgen de la República". No solo retomaba los principios de las dos leyes del 20 de septiembre de 1792 sobre el estado civil y el divorcio (que incluía el divorcio sin causa), sino que abolía la potestad marital y paternal: ambos esposos debían tener la administración común de los bienes del hogar y el padre y madre solo tenían un deber de educación y protección respecto de los hijos menores de 21 años. Para "lograr la división de las fortunas", el proyecto autorizaba la adopción de hijos impúberes por solteros o personas casadas, concedía a los hijos naturales que habían sido voluntariamente reconocidos por sus padres los mismos derechos sucesorios que los hijos legítimos y dividía las sucesiones según una estricta igualdad, prohibiendo beneficiar a uno de los hijos o gratificar a una persona que se estimara demasiado rica. Era menos audaz al definir la propiedad como "el derecho que tiene aquél en el que ella reside de gozar y disponer de ese bien" (como lo hacía la Declaración de derechos de 1793) y en afirmar la libertad de contratar, adquirir y enajenar.

Profundamente innovador en materia de familia, este proyecto de Código utilizaba además, para el derecho de los bienes y de las obligaciones, materiales proporcionados por el derecho antiguo y repensados en la lógica de la supresión de los derechos feudales. En agosto y septiembre de 1793, la Convención discutió el libro I sobre el estado de las personas y el libro II sobre los bienes, aprobando la mayoría de sus disposiciones y aplazando la discusión de las otras. En octubre de 1793, la Convención decidió aplicar retroactivamente la igualdad sucesoria en las sucesiones abiertas a partir del 14 de julio de 1789. A pesar de esta decisión, a la que Cambacérès se había opuesto, la adopción del texto parecía cercana, cuando el 3 de noviembre de 1793 la asamblea decidió que el proyecto sería remitido a una comisión de "seis miembros filósofos". Bajo el pretexto de "purgar" el Código Civil de los "prejuicios de los hombres de ley", se había postergado su discusión *sine die:* en realidad, la adopción de un Código como ese ya no parecía políticamente oportuna a los miembros de la Convención, quienes acababan de suspender la constitución y organizar el gobierno revolucionario. Solamente se votaron algunas partes de este Código bajo la forma de dos leyes retroactivas sobre los hijos naturales (12 brumario año II) y las sucesiones (17 nivoso año II).

Cambacérès sometió a la Convención un segundo proyecto de Código Civil el 23 fructidor año II (9 de septiembre de 1794).Probablemente en la primavera de 1794, el comité de legislación retomó su trabajo, el que concluyó con la redacción de un texto muy lacónico de 297 artículos, ya que la comisión de "filósofos" jamás se había reunido. El proyecto precedente había sido reducido pero también retrabajado, pues se le habían introducido algunas modificaciones que traicionaban las vacilaciones del comité de legislación. Paradójicamente, el informe de Cambacérès justificaba este intento radical por lograr un "código de la naturaleza" en una filosofía "liberal", inspirada en gran parte de Locke: "Todos los derechos civiles se reducen a los derechos de libertad, de propiedad y de contratar". Luego de la discusión de diez de sus artículos, en diciembre de 1794, la Convención marginó este proyecto, que ya no correspondía a los objetivos de una asamblea que cada vez estaba más entrenada por la "reacción termidoriana" a cuestionar las audacias revolucionarias. En octubre de 1795, la Convención se separó, habiendo preferido votar un Código Hipotecario y un Código de los Delitos y de las Penas antes que un Código Civil.

B) Los proyectos más moderados de fines de la Revolución.

Perseverando en su ambición codificadora, Cambacérès elaboró con algunos colaboradores (entre ellos Oudot y Berlier) un tercer proyecto de Código Civil que concluyó a principios del régimen del Directorio, en junio de 1796. Abandonando la idea de "compilar preceptos" de 1794, Cambacérès compuso un texto de 1.104 artículos, sin esconder esta vez la referencia al derecho romano, al antiguo régimen y a Pothier. Al "yuxtaponer" textos de distintas fechas en su discurso preliminar, parecía haberse mantenido fiel a los mismos principios, insistiendo en la importancia del matrimonio "erigido como valor fundamental de la sociedad" con el objeto de satisfacer a quienes denunciaban la "inmoralidad" de la legislación revolucionaria.

Este tercer proyecto no renegaba las innovaciones revolucionarias: el divorcio aún era posible según las reglas de la ley de 1792 (a pesar de las "modificaciones" anunciadas por Cambacérès), la adopción de los impúberes seguía ampliamente abierta, la repartición de las sucesiones legítimas se mantenía sometida a una estricta igualdad. Sin embargo, se apreciaban varias inflexiones: la adopción se reservaba a los parientes sin hijos, la mujer casada era considerada incapaz en el régimen legal de comunidad, en ausencia de hijos la porción de libre disposición era aumentada en relación a la ley de 17 nivoso del año II, mientras que la parte sucesoria de los hijos naturales (reconocidos después del matrimonio) y de los hijos adoptivos se había reducido a la mitad al concurrir con hijos legítimos. Precisiones adicionales fueron añadidas al régimen de bienes y de los contratos fundadas en axiomas que se expresaban claramente: "el propietario tiene derecho a gozar y de disponer a su arbitrio, sujetándose a las leyes establecidas en aras de la necesidad común" (art. 415), "toda convención, cualquiera sea su causa, tiene valor de ley entre los que concurrieron a ella" (art. 714).

El Consejo de los Quinientos tardó en examinar las proposiciones de Cambacérès, quien intentó, en diciembre de 1796, apresurar la discusión.

Pero la asamblea, dominada por posiciones de carácter más reaccionario respecto de los hijos naturales y el divorcio, adoptó solo dos artículos de su proyecto. En febrero de 1797, en un último discurso dedicado a este tema, Cambacérès concedió diferir la revisión de su Código hasta después del término de los debates originados por las leyes que habían revolucionado el derecho de familia: en realidad, Cambacérès (que no fue reelecto en las elecciones de la primavera siguiente) saboteó en forma lúcida su proyecto, al comprender que las posibilidades de no fracasar eran casi nulas. En tres oportunidades Cambacérès había sido víctima de una coyuntura política poco propicia a los fines de sus propuestas. A pesar de disponer de la capacidad para votar textos legislativos de gran envergadura, las asambleas revolucionarias no lograron adoptar un Código Civil que estableciere a futuro las relaciones sociales y familiares: entre las audacias de los años 1792-1794, y el vaivén *post*termidoriano, fue imposible tranzar entre tesis opuestas.

En los últimos años del Directorio la idea misma de codificación pasó a segundo plano, a pesar del retorno de Cambacérès a la vida política (como ministro de Justicia, en el año VII). Mientras que la estabilidad de la república parecía verse comprometida a causa de los sobresaltos políticos, el escepticismo predominaba entre varios. Algunos, como Portalis en agosto de 1797, llegaron a dudar de la posibilidad misma de realizar un Código Civil. Otros, como los abogados Jacqueminot y Target, reanudaron la elaboración de proyectos privados en 1789-1799. Mientras que Jacqueminot, que había renunciado a la idea de "hacer un Código Civil de un solo tiro", preconizaba el establecimiento de los "principios elementales" en los temas más delicados del derecho de familia, Target elaboraba un proyecto más completo en 272 artículos.

La tentativa de Jacqueminot fracasó y el proyecto Target ni siquiera fue publicado. Sin embargo, justo después del golpe de Estado del 18 brumario año VIII, en la época del Consulado provisorio, Jacqueminot presentó un proyecto de Código Civil que puede ser considerado como el último de la Revolución, en razón de su fecha (diciembre de 1799). Los textos de Jacqueminot y Target compartían numerosas orientaciones comunes: proponían poner término al "escándalo de los divorcios continuos", mantener la incapacidad de la mujer casada, reducir la parte sucesoria de los hijos naturales y restituir a la autoridad paterna "el legítimo imperio que nunca debió perder". Asimismo, Jacqueminot pensaba prohibir las donaciones entre concubinos. Concebidos por juristas influenciados por el viraje post-termidoriano, estos proyectos manifestaban una transición entre las ambiciones revolucionarias y las realizaciones consulares.

Sección 2: La redacción del Código Civil.

En diciembre de 1799, encontrándose recién elaborada la constitución del año VIII, Jacqueminot afirmaba que "la voluntad y profunda sabiduría del gran hombre" que desde algunas semanas se encontraba a la cabeza del Estado, exigía un Código Civil. Desde principios del Consulado, Bonaparte quiso que su nombre estuviera ligado a una empresa legislativa perfectamente armónica con los objetivos del nuevo régimen: concluir la Revolución conservando sus principales logros, reforzar y estructurar el tejido social y aumentar la potestad del Estado mediante la uniformación y centralización. El Primer cónsul había comprendido cómo el éxito de la codificación podía beneficiarle personalmente: al conferirle el prestigio de un legislador y añadirle un título de gloria a sus hazañas militares, la codificación preparaba el camino para reforzar su poder.

Bonaparte se aprovechó de una coyuntura y, al mismo tiempo, favoreció la reunión de factores tendientes a facilitar la adopción de un Código Civil. Pueden considerarse como otros tantos elementos propicios a la realización del Código Civil la estabilización monetaria y financiera, el restablecimiento del culto con el Concordato de 1801, la pacificación interior y, durante algunos años (1802-1804) la exterior, el regreso masivo y adhesión al régimen de los juristas formados bajo el Antiguo Régimen, y finalmente el debilitamiento de las asambleas y el declive de las disputas ideológicas. Bonaparte encontró hombres capaces de redactar un proyecto que lo satisficiera y que fuera susceptible de lograr un consenso bastante amplio (I). Implicándose de manera excepcional para un jefe de Estado en el procedimiento de discusión del texto, alternó diálogo y ejercicio de poder (II). Sin duda, Bonaparte influyó menos en la elección de las técnicas de redacción del texto definitivo (III), pero al estar la forma ligada al fondo, puede ser considerado como el iniciador del Código y al mismo tiempo como uno de sus autores.

I. LA ELABORACIÓN DEL PROYECTO.

El 24 termidor año VIII (12 de agosto de 1800), Bonaparte designó (fuera de las asambleas, señal de aquellos tiempos) una comisión de cuatro miembros encargados de establecer las bases de la legislación civil. La elección de estos cuatro comisionados resultó a tal punto decisiva que se acostumbra considerarlos como los redactores del Código Civil (A). El proyecto que presentaron al iniciarse el año IX era indiscutidamente la matriz del Código, aun cuando este último se diferenció en varios aspectos importantes.

A) Los cuatro signatarios del proyecto.

Designado presidente de la comisión de redacción del proyecto de Código Civil, Tronchet (1726-1806) era el veterano de esta y probablemente su miembro más conocido. Abogado en el Parlamento de París desde 1745, fue designado presidente de la orden de abogados en 1789. Diputado del tercer estado de París en los Estados Generales, se mostró reticente a la transformación de la asamblea en Constituyente, era cercano a las tesis de los monárquicos y uno de los artífices de la distinción entre derechos feudales suprimidos y derechos redimibles. En plena Revolución, volvió de su jubilación únicamente para ser uno de los abogados de Luis XVI ante la Convención. El régimen del Directorio le abrió una segunda carrera parlamentaria y ocupó un escaño en el Consejo de los Antiguos del año IV al año VII, sin implicarse abiertamente en la lucha de partidos. Al principio del Consulado asumió la presidencia del tribunal de casación, que consolidó su condición de especialista.

Mientras que Tronchet aparecía sobre todo como un profundo conocedor del antiguo derecho (y más bien como un defensor de la costumbre de París), Portalis (1746-1807) era considerado el "filósofo" de la comisión. Brillante abogado en Aix durante el Antiguo Régimen, se había alineado con la facción monarquista durante la Revolución. En 1792 su nombre figuraba en la lista de emigrados, tuvo que esconderse (particularmente en Lyon) y fue encarcelado un tiempo. Con las elecciones del año V se integró al Consejo de los Antiguos, donde fue el orador más eminente de los realistas "constitucionalistas". Este activismo le costó la deportación por la ley de 19 fructidor año V. Se exilió entonces en Suiza y en Alemania, donde tuvo contactos intelectuales que influenciaron la evolución de su pensamiento. Autorizado a regresar a Francia por Bonaparte, llegó a ser comisario del gobierno ante el *Conseil des prises*[4].

Bigot de Préameneu (1747-1825) había conocido a Portalis a fines del Antiguo Régimen. Primero abogado en el Parlamento de Rennes, se había radicado en París y se había convertido en representante de los Estados de Provenza. Juez durante la Constituyente y el Directorio, había ocupado un

4 N. del T. Tribunal administrativo competente en materia de presas marítimas.

escaño en la Legislativa del lado de los defensores de Luis XVI y había sido encarcelado durante el Terror. En el Consulado había llegado a ser comisario del gobierno en el tribunal de casación. Maleville (1741-1824), designado primero como secretario redactor de la comisión, había sido abogado en el Parlamento de Burdeos, juez en el Tribunal de casación (1791-1795) y miembro del Consejo de los Antiguos, antes de encontrar un cargo en el Tribunal de casación. Los cuatro hombres compartían una trayectoria y opiniones similares: practicantes del antiguo derecho (tanto del derecho escrito como del derecho consuetudinario), tenían la experiencia de las asambleas, eran fundamentalmente moderados, poco propensos a revolucionar el derecho. Una vez distribuido el trabajo, se entendieron fácilmente y lograron conservar sus propios puntos de vista.

B) El proyecto del año IX.

Torpemente titulado "proyecto del año VIII" en el *Recueil Fenet,* el texto de la comisión de Gobierno fue impreso, en realidad, el 1° pluvioso año IX (21 enero de 1801) tras cinco meses de trabajo. Articulado en tres libros, sin duda presentaba rasgos del futuro Código Civil: mantenía la laicización del estado civil y del matrimonio, la incapacidad de la mujer casada, volvía a una potestad paterna fuerte pero limitada en el tiempo por una mayoría emancipadora, establecía una línea demarcatoria entre hijos legítimos y naturales, consagraba la "plena" propiedad y la libertad de contratar. Asimismo, se caracterizaba por la presencia de un libro preliminar que principiaba por la afirmación de un "derecho universal e inmutable", la restricción del divorcio a causas determinadas, el establecimiento de una porción de libre disposición de acuerdo a límites fijados por una ley reciente del 4 germinal año VIII (un cuarto de los bienes en presencia de descendientes), la posibilidad de una "disposición oficiosa" (que redujere a un heredero disipador a un simple usufructuario en beneficio de sus hijos), la omisión de cualquier mención a la adopción, un lugar mediocre asignado al régimen dotal y un sistema de hipotecas generales y ocultas.

Este proyecto estaba precedido del famoso *Discurso preliminar,* expresión de las orientaciones de los miembros de la comisión, atribuido a la pluma de Portalis. Este discurso comenzaba por una breve historia sobre la idea de la codificación destinada a mostrar cómo esta, irrealizable durante el Antiguo Régimen (cuando "Francia era una sociedad de sociedades") y la Revolución (cuando las leyes eran "hostiles, parciales, efímeras"), fue posible bajo la nueva constitución ("Hoy día Francia respira"). A continuación exponía una "filosofía de la moderación" en materia legislativa: el legislador debía ser "sobrio en novedades", aprovechar la experiencia del pasado ("tranzando entre el derecho escrito y las costumbres") y abandonar la "ambición de todo querer regular y preveer". Esta modestia aparente de la ley conducía a rehabilitar la jurisprudencia de los tribunales y a subrayar el rol de los juristas: "tan imposible es prescindir de la jurisprudencia como de las leyes", "los códigos de los pueblos se forman en el tiempo; pero, hablando con propiedad, estos no se fabrican". Finalmente, se justifican las leyes civiles, que se encuentran "bajo la tutela de las leyes políticas", fueron adaptadas a las costumbres nacionales y se destinaron a propagar el "espíritu de familia".

II. LA DISCUSIÓN DEL PROYECTO.

El proyecto de la comisión generó un extenso debate que el Primer cónsul procuró controlar en todas sus etapas. Para asociar mejor al conjunto de los juristas a la codificación se solicitaron observaciones de los tribunales (A). A continuación, el Consejo de Estado desempeñó un rol determinante en la reescritura del proyecto (B), mientras que las asambleas, por momentos contestatarias, fueron reducidas al rol de cámaras de registro (C).

A) Las observaciones de los tribunales.

Las más abundantes emanaron del Tribunal de casación, que había designado a cinco de sus miembros para examinar el proyecto. En su mayoría, la comisión lamentó que se omitiera la adopción, propuso admitir un divorcio sin causa específica que se sometiera a un régimen probatorio especial y reestablecer la exheredación "sujeta a límites razonables", así como un sistema original de publicidad y especialidad de las hipotecas. Estas observaciones traducían además una profunda división en las opiniones de los jueces supremos (sobre el divorcio y la igualdad de las porciones hereditarias en particular) y, a la vez, el apego a ciertos aspectos de la legislación revolucionaria.

Los tribunales de apelaciones, en su inmensa mayoría poco favorables a la extensión del divorcio, se dividieron sobre todo respecto de los regímenes matrimoniales y las sucesiones. El tribunal de apelación de Montpellier protestó enérgicamente contra la porción congrua que se asignaba en el régimen dotal, mientras que los jueces de Tolosa, Burdeos y Aix no se pronunciaron sobre ese aspecto. En los antiguos países de costumbres prevaleció el espíritu igualitario en materia sucesoria, mientras que los tribunales del Sur (pero también el de París), solicitaron aumentar la porción de libre disposición. En su conjunto, los magistrados estuvieron de acuerdo con el tono del proyecto gubernamental.

B) Los trabajos del Consejo de Estado.

Encargado por la constitución del año VIII de redactar los proyectos de ley de los que solo el gobierno tenía iniciativa, el Consejo de Estado fue un instrumento esencial de la política reformadora del Consulado. Bonaparte había dispuesto en aquél a juristas experimentados con variadas trayectorias durante la Revolución, como Berlier, Boulay de la Meurthe, Emmery, Regnault de Saint-Jean-d'Angély o Thibaudeau. El proyecto de Código Civil fue examinado a partir del 28 mesidor año IX (17 de julio de 1801) por la sección de legislación del Consejo de Estado (la que reuniéndose en audiencias a puerta cerrada, propuso numerosas enmiendas al texto de la comisión), luego discutido a lo largo de las 107 sesiones plenarias de fin del año IX hasta principios del año XII. Bonaparte presidió 55 de estas sesiones, participó activamente en muchos intercambios de ideas y dejó que las opiniones se expresaran libremente. Cambacérès, en tanto que segundo cónsul estuvo asimismo muy presente en estas sesiones, cuyo contenido, conocido por las actas, lo es también por el testimonio de sus contemporáneos.

Estos debates llevaron a importantes modificaciones al proyecto de Código defendido por los cuatro redactores. Desde el principio, la sección de legislación obligó a Portalis a abandonar su idea de libro preliminar y a reemplazarlo por un mero título de algunos artículos. El problema del divorcio fue largamente debatido al principio del año X, Bonaparte y varios consejeros de Estado lamentaban la omisión del divorcio por incompatibilidad de caracteres en el proyecto. Gracias a Emmery y Boulay de la Meurthe, se halló una fórmula intermedia bajo la forma de un divorcio por consentimiento mutuo que podía aparecer causado por una incompatibilidad recíproca de caracteres o por una falta que se mantendría en secreto. Asimismo, Bonaparte usó su influencia (con el apoyo de Berlier) para reintroducir la institución de la adopción: seis proyectos fueron presentados antes que un texto fuera adoptado en nivoso año XI. Es solo en el año XI y el año XII que se lograron los últimos acuerdo sobre la porción de libre disposición (con la instauración de una gradación según el número de hijos) y los regímenes matrimoniales (aumentándose los desarrollos dedicados al régimen dotal).

Decisivas en muchos ámbitos, las discusiones del Consejo de Estado dan cuenta, además de las opiniones de Bonaparte (en parte determinadas por sus propios proyectos familiares), de las divergencias dentro de la comisión gubernamental (Portalis, por ejemplo, era hostil al régimen legal de comunidad) y del clima ideológico del Consulado, en el que se habían atenuado las profundas oposiciones de la época revolucionaria.

C) La limitación del debate en las asambleas.

Conforme a la constitución del año VIII, el proyecto gubernamental de Código debía ser sometido sucesivamente a dos asambleas: al Tribunado que emitía una resolución (favorable o desfavorable) y al Cuerpo Legislativo, que votaba su aprobación o rechazo luego de haber escuchado en silencio a los oradores del Consejo de Estado y a los del Tribunado. Se decidió iniciar este procedimiento a comienzos del año X, dividiendo el Código en varios proyectos de ley, que fueron siendo presentados en cuanto estuvieron redactados definitivamente por el Consejo de Estado.

Las oposiciones a la política de Bonaparte, manifestadas tímidamente durante los dos primeros años del Consulado, se expresaron más nítidamente al principio de la sesión del año X. La firma del Concordato algunos meses antes había disgustado a varios miembros de las asambleas, especialmente a los del Tribunado, lugar en que podía producirse una verdadera discusión. Los primeros proyectos relativos al Código Civil fueron discutidos en medio de este tenso ambiente.

El título preliminar fue profundamente atacado en el Tribunado, cuya mayoría (65 votos contra 13) emitió una resolución desfavorable. Andrieux, Chazal, Garat-Mailla; Thiessé y Favard criticaron un texto "incoherente" que no tenía lugar al principio del Código Civil, daba mucha libertad a los jueces en silencio de la ley y que confundía promulgación y publicación. Estos argumentos, referentes a las competencias del poder legislativo, consiguieron convencer a una leve mayoría del Cuerpo Legislativo, que rechazó el proyecto por 142 votos contra 139. A continuación, el título sobre el goce y la privación de los derechos civiles fue objeto de los ataques de Boissy d'Anglas, Ganilh (defensor de los derechos civiles de los extranjeros) y de M. J. Chénier, quienes reclamaban un Código Civil "exento de prejuicios góticos derribados por la filosofía". El 11 nivoso año X por 61 votos contra 31, el Tribunado emitió una resolución desfavorable. Entretanto, el Tribunado había examinado el título sobre las partidas del estado civil y había adoptado una resolución favorable a pesar de las críticas de Benjamin Constant. Lejos de ser un opositor a la idea de la codificación y de las principales orientaciones del proyecto gubernamental en sí mismas, el Tribunado había sobre todo aprovechado impropiedades de forma para afirmar su derecho a una crítica libre. Bonaparte interpretó esta actitud como una ofensa personal. Retirando todos los textos propuestos y sometiendo a las asambleas a la "dieta de leyes", aprovechó la primera renovación del Tribunado para excluir a los oponentes más elocuentes (29 ventoso año X). Luego de esta depuración, las dóciles asambleas votaron con amplias mayorías las diferentes leyes que constituían el Código Civil, limitándose el Tribunado a la sugerencia de algunos acondicionamientos.

III. La elección de las técnicas de redacción.

El examen del proyecto de Código Civil por varios órganos deliberativos no perjudicó la unidad en su redacción. El estilo y la estructura del Código Civil le deben mucho al ejemplo proporcionado por los proyectos de Cambacérès y a las concepciones de los redactores sobre la naturaleza y el alcance de un Código que podría calificarse como abierto (A) y sistemático (B) a la vez.

A) Un Código abierto.

Con 2281 artículos, el Código Civil era mucho más largo que los proyectos revolucionarios. No obstante, Portalis compartía junto a Cambacérès la convicción que el legislador no debía aspirar a decirlo todo: la simplificación de las leyes civiles se había mantenido uno de los objetivos de la codificación. Sin incluir una parte general sobre los derechos y los actos jurídicos, a diferencia del Código prusiano de 1794, el Código Civil se presentaba como una compilación práctica sin ambición científica. Al abandonar la idea de un libro preliminar sobre el derecho, los codificadores franceses se dedicaron a pensar en un lenguaje conveniente a la ley (el indicativo o el futuro para expresar el mandato) antes que en discurrir doctrinalmente o caer en la casuística. El Código Civil casi no contiene principios filosóficos o morales (incluso el artículo 371 tiene una significación jurídica) y no multiplica hasta el infinito las definiciones (el matrimonio o la obligación no están definidos).

Convencidos de que los detalles debían ser obra de jurisconsultos y jueces, los redactores del Código Civil dejaron un margen bastante amplio a la interpretación jurisprudencial. Si el artículo 5 del Código prohibía los *"arrèts de règlement*"[5], el artículo 4 obligaba al juez a fallar incluso en caso de oscuridad o de insuficiencia de la ley. Portalis consideraba a los jueces como "ministros de equidad" y algunos artículos (565, 1135, 1854) hacían expresa alusión a esta noción. Más importante aún es el lugar de los usos, especialmente en materias como las aguas, los bosques, las distancias y cercados o los arrendamientos rústicos. El Código Civil no se encerraba en sí mismo.

B) *Un Código sistemático.*

De 1789 a 1804, predominó también la continuidad en el camino hacia la uniformidad de la legislación civil. Luego de una breve discusión (en la que curiosamente Cambacérès abogó por un cierto pluralismo jurídico), los codificadores decidieron, mediante la ley del 30 ventoso año XII, abrogar todo el antiguo derecho en las materias que eran tratadas por el Código Civil. Las costumbres, el derecho romano y las ordenanzas reales cesaron de tener fuerza de ley, incluso supletivamente (aunque podían inspirar la decisión del juez en silencio de la ley). Es así como el Código Civil es el primer código europeo en hacer *tabla rasa* de las fuentes tradicionales del derecho a favor de la ley estatal: el Código prusiano de 1794, al sustituirse al derecho común supletorio, dejaba que subsistieran y prevalecieran las costumbres de las provincias y los estatutos de las ciudades. Asimismo, también era muy innovadora la numeración continua del Código Civil, que le daba una homogeneidad muy superior a la de otras compilaciones de leyes.

Siguiendo el modelo de los proyectos de Cambacérès, y una vez más diferenciándose del ejemplo prusiano, el Código de 1804 se limitaba expresamente al derecho civil, concebido como el conjunto de leyes que regula las relaciones de los ciudadanos entre ellos. Distinguido del derecho público (con el artículo 7 sobre la noción de "derechos civiles"), instituido en calidad de derecho común de las relaciones privadas (el derecho comercial estaba reducido a un derecho de excepción), el derecho civil estaba organizado para una nación dada en función de una sociedad particular. Esta estricta definición de la materia del Código mantenía su unidad más allá de las inevitables divisiones de la obra. Los redactores del Código no reivindicaron la originalidad, elegancia o exactitud científica de repartir los títulos en tres libros desiguales (*De las personas,* art. 1 al 515. *De los bienes y de las diferentes modificaciones de la propiedad,* art. 516 al 710. *De las diferentes maneras de adquirir la propiedad,* art. 711 al 2281): según su propio testimonio, retomaron "divisiones comunes". No escondieron tampoco que el Código Civil formaba un sistema en torno a dos grandes ejes —la familia y la propiedad—, que se estudiarán en los capítulos siguientes.

---

5 N. Del T.: Decisión jurisdiccional de un tribunal de mayor jerarquía con alcance general y que vinculaba a las jurisdicciones inferiores (Antiguo Derecho).

Leer también

- Durand Ch., *L'exercice de la fonction législative de 1800 à 1814*, Aix, 1955.
- Halpérin J.-L., *L'impossible Code civil,* París, PUF, 1992.
- Solimano S., *Verso il Code Napoléon. Il progretto di Codice civile di Guy Jean Baptiste Target* (1798-1799), Milano, 1998.
- Theewen E.-M., *Napoléons Anteil am Code,* Berlín, 1991.
- Van Kan J., *Les efforts de codification en France. Étude historique et psychologique,* París, 1929.

Capítulo II: Una legislación para padres de familia.

Según la conclusión del *Discurso preliminar,* el objetivo de los "redactores" del Código Civil era "vincular la moral a las leyes y propagar el espíritu de familia, que a pesar de lo que pueda decirse, favorece enormemente al espíritu de ciudad". A pesar de que desde un punto de vista formal la familia no aparecía como título en las divisiones del Código, esta constituía nada menos que una de las "dos grandes bases" de un cuerpo de leyes destinado, según una expresión de Portalis, a "dirigir y establecer las relaciones de sociabilidad". La familia era considerada "semillero del Estado", por tanto el individuo no podía aprehenderse en forma aislada: el estado civil era un estado de familia. El título "De las personas" del libro I del Código, no debe ser mal interpretado. Este primer libro no reunía, como en el Código prusiano, una serie de definiciones sobre el derecho de las personas en general. En los cuatro primeros títulos sobre derechos civiles, actas del registro civil, domicilio y ausencia, la familia estaba omnipresente tras el individuo (sección 1). Los siete títulos siguientes, que comenzaban con el matrimonio, estaban expresamente consagrados a las relaciones personales dentro de la familia (sección 2). A pesar de la forma en que se organizó el Código, es lógico asociar las disposiciones del libro III sobre regímenes matrimoniales con las de las sucesiones, que determinan las relaciones patrimoniales al interior de la familia (sección 3).

Sección 1: Tras el individuo, la familia.

El título I del Código Civil se iniciaba con una distinción fundamental entre los *derechos civiles,* definidos más adelante, y los *derechos políticos,* sometidos a las leyes constitucionales. Mientras que la constitución fijaba las condiciones de la *ciudadanía,* el Código Civil regulaba la *condición de Francés* y la privación de los derechos civiles (I). Porque "el hombre no hace casi nada por el movimiento puro de su voluntad" (Bonaparte), a través del sistema del estado civil la ley ciñe a todas las personas desde el nacimiento hasta su muerte (II).

I. De la determinación de los titulares de los derechos civiles.

Luego de diez años de Revolución caracterizados por el desarrollo del nacionalismo y una amplia emigración, los codificadores debían abordar cuestiones delicadas al determinar las condiciones de ejercicio de los derechos civiles. Las disposiciones relativas a la condición de Francés (A) y a la pérdida de los derechos civiles (B) mezclaban medidas contingentes a un contexto con declaraciones de principios.

A) De la condición de Francés.

Al establecer los modos de adquirir la "condición de Francés" (el término *nacionalidad* es más tardío), el Código Civil discriminaba entre derechos civiles de los nacionales y de los extranjeros. "Todo francés gozará de derechos civiles" (art. 8). El otorgamiento de los plenos derechos civiles estaba asociada, por regla general, al hecho de haber "nacido de un Francés" en Francia o en el extranjero (art. 10). La condición de Francés se transmitía por vínculos de parentesco, al padre se le concedía un rol preponderante y el marido determinaba la condición de la mujer (art. 12 y 19). El individuo nacido en Francia de un extranjero debía esperar la mayoría de edad para poder reclamar la condición de Francés al fijar su domicilio en Francia (en este caso, la constitución del año VIII permitía al hombre de 21 años convertirse en ciudadano). A pesar de las proposiciones de Bonaparte a favor del *jus soli,* fue el antiguo principio del *jus sanguinis* el que prevaleció en el Código Civil.

En cuanto a los extranjeros que residían en el territorio francés, se encontraban sometidos a las *lois de police et de sureté*[1] (art. 3). Estos gozaban de los mismos derechos civiles que aquellos que se otorgaban a los Franceses en su nación: esta cláusula de reciprocidad (art. 11) reestablecía parcialmente el derecho de aubana en materia sucesoria. Contrariamente a la política que siguió la Constituyente, los codificadores quisieron proteger los capitales franceses frente a la actitud de naciones como Inglaterra. Únicamente los extranjeros que obtenían del gobierno una autorización para domiciliarse en Francia (art. 13) eran beneficiarios de todos los derechos civiles.

B) De la pérdida de los derechos civiles.

Los derechos civiles podían perderse junto con la condición de Francés. El Código Civil consideraba ciertos hechos como pruebas de abdicación de la nacionalidad: establecerse en un país extranjero sin ánimo de regresar (con una notable excepción en favor de las actividades comerciales), naturalizarse en el extranjero y aceptar funciones públicas en el extranjero sin autorización previa (art. 17). Estas disposiciones dan prueba de un cierto exclusivismo y desconfianza hacia los Franceses al servicio de otro gobierno, especialmente en el ejército. Es claro que los codificadores estaban pensando en los emigrados que habían luchado contra la Revolución. Así, quien había perdido la condición de Francés podía recuperarla si regresaba a Francia con una autorización del jefe de Estado (art. 18), mientras que quien se había alistado en algún ejército extranjero veía su reintegración sometida a todas las condiciones que se exigían de los extranjeros para convertirse en ciudadano francés (art. 21). En cambio, el regreso de los hijos de emigrantes nacidos en el extranjero se encontraba más bien favorecida (art. 10).

---

1 N. del T.: Normas jurídicas de orden público.

La otra causa de privación de los derechos civiles era la *muerte civil,* consecuencia de ciertas condenas judiciales y, en principio, de la emigración (en virtud del artículo 93 de la constitución del año VIII y del artículo 21 del Código Civil para quienes alzaran armas contra Francia). Los redactores del Código se anticiparon a la redacción del Código Penal de 1810, que estableció como consecuencia de la muerte civil el trabajo forzado perpetuo, la deportación y la condena a muerte por contumacia (durante la Revolución se conocían solo estos dos últimos casos). La muerte civil (término equívoco según Portalis y Tronchet) despojaba al condenado de la propiedad sobre sus bienes y disolvía su matrimonio (art. 25).

Estas rigurosas disposiciones garantizaban el interés del Estado antes que el de la familia del condenado: si bien la sucesión del muerto civil se abría en beneficio de sus herederos, a su muerte natural el Estado confiscaba las adquisiciones posteriores y, contrariamente a la opinión de Bonaparte, el matrimonio podía disolverse aún contra la voluntad del cónyuge. A pesar de que no aludió directamente a los emigrados, el Código Civil había reforzado las medidas de amnistía que, instigadas por Bonaparte, se habían adoptado, especialmente mediante un senado-consulto del 6 de germinal, año X.

II. DEL ESTADO CIVIL DE LAS PERSONAS.

En el título II del libro I, el Código Civil retomó el principio de laicización del estado civil y las reglas principales de la ley de 20-25 de septiembre de 1792 (con una notable excepción en el art. 37, que permitía a las mujeres ser testigos). Al confirmarse implícitamente la ley del 28 pluvioso del año VIII, la responsabilidad de los registros de nacimientos, matrimonios y decesos se mantuvo radicada en los alcaldes y adjuntos de los municipios. El estado civil tenía por función "conservar y distinguir las familias" (atendiendo particularmente a las cuestiones de filiación) bajo vigilancia del Estado. Simeón afirmaba, citando al Digesto, que el individuo "no nace para él mismo ni para su familia, sino que para el Estado". Este propósito aparecía en los títulos siguientes respecto de dos otras cuestiones relativas al estado de las personas: el domicilio (A) y la ausencia (B).

A) Del domicilio.

Definido como el lugar en que se encontraba la "residencia principal" (art. 102), debía determinarse el domicilio para cada persona con el objeto de asegurar el "mantenimiento del orden social" (Emmery) y facilitar las citaciones ante la justicia. Para los hombres mayores y las mujeres solteras, el principio era el de la libertad natural de desplazamiento: la declaración de cambio de domicilio era facultativa. En cambio, para quienes no tenían la "libre disposición de su persona" —los menores, las mujeres casadas y los interdictos— el domicilio era necesariamente el del padre, marido o tutor. De esta manera, se garantizaba la cohesión familiar.

B) De la ausencia.

Persuadidos de que la expansión de los viajes y del comercio multiplicaban los casos de ausencia sin noticias, los codificadores innovaron en esta materia mediante disposiciones precisas y formalistas, que concernían a quien "ante la ley no está ni muerto, ni vivo". En el interés del ausente y de su familia, los jueces podían decretar, pasados cinco años y una indagación previa, la posesión provisoria de los bienes a los herederos (susceptible de transformarse en definitiva al término de treinta años). A falta de certeza acerca de la muerte del ausente (el plazo de cien años desde el nacimiento del ausente era mencionado solo en el artículo 129), el cónyuge podía contraer nuevamente matrimonio asumiendo los riesgos y peligros, pues el ausente que milagrosamente regresaba podía impugnar el nuevo matrimonio.

SECCIÓN 2: LAS RELACIONES PERSONALES DENTRO DE LA FAMILIA.

Para los redactores del Código Civil, la familia era "la más natural de las sociedades". Se establecía por el matrimonio (I), que tenía por finalidad la procreación de los hijos: la filiación (II), la potestad paterna y la tutela (III) constituían lógicamente los títulos siguientes del libro I del Código Civil.

I. MATRIMONIO ENALTECIDO, DIVORCIO TOLERADO.

Los codificadores pensaban restituir al matrimonio una "dignidad" que habría perdido durante la Revolución, al acentuar el formalismo del "más santo de los compromisos" (A), reafirmar la preeminencia del hombre en la sociedad conyugal (B) y dificultar el divorcio (C).

A) Un contrato sujeto al control de la familia y del Estado.

El Código Civil no contenía una definición del matrimonio, descrito por Portalis como "la sociedad del hombre y la mujer, quienes se unen para perpetuar la especie; ayudarse, socorriéndose mutuamente, a soportar el peso de la existencia y para compartir su destino común". Los artículos 144 a 202 se dedicaban principalmente a fijar las condiciones y formas del matrimonio: un contrato solemne y civil, según los principios establecidos por la ley del 20 de septiembre de 1792. Se efectuaron algunas modificaciones en relación a esta ley para enmarcar mejor un contrato que se basaba en el consentimiento de los futuros esposos (art. 180; Portalis hablaba de "elección", "preferencia" e incluso de "amor"), pero debía "proteger al hombre moral de sus propias pasiones". La edad mínima de los esposos se elevó a 15 años para las mujeres y 18 para los hombres (art. 144); y, sobre todo, se incrementó considerablemente el rol de las autorizaciones parentales. El consentimiento del padre y la madre era obligatorio hasta los 21 años para las hijas y hasta los 25 años para los hijos, bastando el del padre en caso de disentimiento. Además de esta mayoría matrimonial, los "hijos de familia" debían solicitar el visto bueno del padre y la madre mediante tres *actos respetuosos* (uno solo pasados los 25 años para las hijas y 30 años para los hijos). En el caso de que los padres se opusieran, podía no tenerse cuenta de ello, pero estas precauciones retrasaban la celebración del matrimonio, lo que manifestaba una vez más el "culto que debía rendir el amor filial".

El matrimonio, que debía celebrarse "en la casa consistorial" ante el oficial del Registro civil, requería dos publicaciones orales (en lugar de una, en 1792) y cuatro testigos (art. 75). Si bien fue reducido el número de causas de impugnación en relación al antiguo derecho, el matrimonio podía ser impugnado ante la justicia por causales de nulidad "de interés de orden público y de las buenas costumbres" por "todos los interesados" o por el ministerio público (art. 184). De esta manera, el matrimonio, "convenio público" (Gillet), se colocaba bajo la vigilancia del Estado. En materia de vicios del consentimiento, el Código Civil solo hacía alusión explícita al error en la persona (art. 180). Luego de largos debates, en los que Bonaparte defendió la idea de la libre elección de los esposos fundada en sus sentimientos, los codificadores se mantuvieron fieles a la concepción tradicional y restrictiva del error. De hecho, las nulidades de matrimonio (cada una con reglas propias) podían sanearse en muchos casos (art. 181 y 185) para no multiplicar las anulaciones.

B) Una sociedad desigual.

Destinado a perpetuar la especie, el matrimonio hacía nacer para los esposos la obligación de "alimentar, mantener y educar a los hijos" (art. 203). No solamente la obligación de prestar alimentos era recíproca, sino que los hijos no tenían acción contra los padres para reclamar una dote al momento del matrimonio. La audacia de los hijos no debía amenazar la existencia de una "jefatura doméstica" (Portalis).

Con el mismo espíritu, los esposos se debían "fidelidad, socorros y asistencia mutuos" (art. 212). Sin embargo, los artículos siguientes garantizaban la "preeminencia del hombre", ya que la sociedad conyugal no podía subsistir "si uno de los esposos no se encuentra subordinado al otro". Por temor a la independencia que reivindicaron las mujeres durante la Revolución, el artículo 213 (agregado al proyecto de la comisión) afirmaba: "El marido debe protección a su mujer, y la mujer obediencia a su marido". La mujer no podía tener otro domicilio que el de su marido ni entablar acciones judiciales sin autorización de aquél. Ella era incapaz de adquirir o enajenar "sin concurrencia del marido al acto o sin su consentimiento por escrito", salvo la mujer que se dedicaba a ejercer el comercio, quien podía obligarse "en lo referido al ámbito a su negocio". En caso de negativa, condena, interdicción, ausencia o minoría del marido, la mujer podía obtener una autorización judicial. El hecho que la nulidad por falta de autorización pudiera ser invocada tanto por la mujer como por el marido o sus herederos (art. 225) sugiere que esta incapacidad se fundaba en la inexperiencia del sexo débil y el respeto debido a la potestad marital.

C) *El divorcio, "remedio extremo".*

Portalis justificaba el divorcio exclusivamente en la libertad de cultos, Maleville y Tronchet eran poco favorables a este y el Consejo de Estado, a pesar de votar por mantener el divorcio, se encontraba dividido en esta materia. Las disposiciones del Código Civil eran el resultado de una discusión más bien confusa, en la que Bonaparte tuvo un papel importante al abogar por la utilidad del divorcio en la disminución de los riesgos de división de la familia.

El proyecto de la comisión inspiró el lugar preeminente que se otorgó al divorcio por falta, y en primer lugar a la causal de adulterio, con una sorprendente desigualdad entre el marido y la mujer. Mientras que el marido siempre podía invocar el adulterio de su mujer (art. 229), la mujer solo podía pedir el divorcio contra el marido infiel "cuando este yacía con su concubina en la casa común". Además, el Código Civil contenía una sanción penal respecto de la mujer adúltera, condenada a la reclusión en una correccional por un período de tres meses a dos años.

Los otros casos de divorcio —abusos, malos tratos e injurias graves así como la condena de uno de los esposos a una pena infamante— seguían el principio de la reciprocidad y se dejaban a la apreciación del juez. En todos los casos el procedimiento era, en efecto, judicial, formalista y prolongado, con "observaciones" del juez al demandante, un intento de reconciliación, eventualmente podían efectuarse indagaciones consistentes en audiencias de testigos y una sentencia pronunciada en audiencia pública. En oposición al sistema revolucionario de las "asambleas de familia", el divorcio se convirtió en un drama solemne y costoso. Para impedir que la dignidad del matrimonio fuese burlada, los divorciados no tenían derecho a contraer nuevamente matrimonio entre ellos (art. 295), ni el adúltero con su cómplice. En principio, los hijos se confiaban al esposo que obtenía el divorcio (sin embargo, el artículo 302 invocaba a título excepcional "el mayor provecho de los hijos").

Opositores al divorcio por incompatibilidad de caracteres, establecido en 1792, los codificadores admitieron el divorcio en los casos en que por "mutuo consentimiento" se probara que la "vida en común era insoportable" y que existía "una causa perentoria de divorcio". Así, esta institución puede verse como el reconocimiento de una incompatibilidad recíproca y al mismo tiempo como el velo que escondía una causa vergonzosa de ruptura. Con todo, el divorcio por consentimiento mutuo no quedaba abandonado a la arbitrariedad de los esposos. Se encontraba sometido por ley a múltiples condiciones con el objeto de evitar su frecuencia: el marido debía tener más de 25 años y la mujer más de 21 sin exceder la edad de 45 años, el matrimonio debía haber durado a lo menos 2 años y máximo 20 años. Si para evitar un escándalo público este tipo de divorcio tenía un carácter más privado, se sujetaba, no obstante, al yugo de la familia: los esposos, considerados como eternos menores, debían obtener una autorización expresa de sus padres (art. 278). Por último, a los esposos divorciados por consentimiento mutuo se les imponían pruebas y sacrificios: debían comparecer reiteradamente ante el juez durante un año, tenían interdicción de contraer nuevo matrimonio durante tres años y debían renunciar a la propiedad de la mitad de los bienes en favor de los hijos. ¡Si algunos contemporáneos creían que esta forma de divorcio sería el más utilizado, el Código Civil había hecho todo lo posible para que no se volviera una fuente de abusos!

Gracias a Maleville y Tronchet, los redactores del Código habían reintroducido en el derecho francés la separación matrimonial, inspirada del derecho canónico y desaparecida durante la Revolución. Esta era posible en todos los casos en que podía pedirse el divorcio por una causa determinada y mantenía el vínculo matrimonial impidiendo un nuevo matrimonio. La separación, que conllevaba la separación de bienes, dejaba que subsistiera parcialmente la incapacidad de la mujer casada, quien no podía enajenar por sí misma los inmuebles (art. 1449).

II. DE LA FILIACIÓN.

Para los codificadores era indispensable para que las "familias se perpetuaran y distinguieran unas de otras" el establecimiento de la filiación —que se enfocaba esencialmente desde el ángulo de la paternidad, como lo indicaba el encabezado del título VII del libro I— sobre bases sólidas. A pesar de recurrir a la ciencia (Fourcroy fue consultado acerca de la duración del embarazo), la naturaleza no podía invocarse como única directriz, ya que esta había "cubierto con un velo impenetrable" el origen de la paternidad. En una materia que había sido completamente modificada durante la Revolución por medio de textos (la ley del 12 brumario año II sobre los derechos de los hijos nacidos fuera del matrimonio) o proyectos (sobre la adopción) audaces, los redactores del Código quisieron volver a "una legislación más severa y represiva" (Lahary), se tratara de la filiación legítima (A), la filiación natural (B) o la adopción (C).

A) La filiación legítima y el "reposo de las familias".

Fundada en el matrimonio, la filiación legítima estaba en la medida de lo posible protegida contra las incertidumbres o "circunstancias extraordinarias". En primer lugar, el Código Civil consagraba el principio de la presunción de paternidad (cuyo origen se perdía en "la noche de los tiempos", según Bigot de Préameneu): *pater est is quem nuptioe demonstrant.* El hijo concebido durante el matrimonio tenía por padre al marido, ya que la concepción se situaba por ley en el intervalo de tiempo que iba desde el día 300, hasta 180 días antes del nacimiento (art. 312). Esta regla, defendida firmemente por Bonaparte, tenía pocas excepciones: en caso de imposibilidad física de cohabitación entre el marido y la mujer (debido a un alejamiento o un accidente, pero no se admitía alegar impotencia), y por causa de adulterio, a condición que la mujer hubiere ocultado el nacimiento del hijo (art. 313). La eventual denegación de paternidad, en el caso del hijo que nacía dentro del matrimonio pero menos de 180 días después de su celebración, podía rechazarse en varias situaciones: si tenía conocimiento del embarazo antes del matrimonio, asistió al acto del nacimiento o si el hijo fue declarado inviable (art. 314). En todos los casos, la acción del marido se sujetaba a plazos breves, de uno a dos meses (art. 316). El "rechazo familiar" de un hijo que se creía "extraño" debía producirse en el acto. Los herederos solo podían actuar cuando el marido moría en el plazo en que podía intentar la acción.

La filiación de los hijos legítimos se probaba, en principio, por el acta de nacimiento (art. 319). En caso de pérdida o destrucción del registro del estado civil, la ley venía en auxilio de los hijos legítimos, permitiéndoles invocar la posesión notoria de estado (art. 320321). La atribución del nombre (*nomem*), el hecho de haber sido tratado por el padre como hijo *(tractatus)* y el reconocimiento de la familia o de la sociedad *(fama)* eran considerados los "hechos principales" para probar la posesión del estado. La situación del hijo que reunía el título de nacimiento y la posesión del estado era inimpugnable. A falta de estos, la "condición de hijo legítimo" podía probarse judicialmente, mientras se proporcionara un principio de prueba por escrito o indicios graves (art. 323). Esta acción de reclamación de estado era imprescriptible respecto del hijo, pues "aquí no es cuestión de una mera propiedad, el estado civil afecta a la persona y a los bienes" (Bigot de Préameneu).

B) La filiación natural y los imperativos del orden social.

Si los codificadores vieron en los hijos nacidos fuera del matrimonio las "víctimas inocentes de la falta de sus padres", al establecer una "barrera" entre filiación legítima y filiación natural (la redacción del artículo 338 era significativa en este sentido) privilegiaron el mantenimiento de las familias y del orden social. Ni hablar de prueba mediante partida de nacimiento o posesión del estado en el caso de los hijos naturales. En principio, la filiación solo podía establecerse por un reconocimiento voluntario. Este reconocimiento solo podía producirse en el acta de nacimiento o por medio de un instrumento auténtico. Estaba prohibido si era fruto de incesto o adulterio, "verdadera calamidad para las buenas costumbres". Además, tanto el padre como la madre tenían la libertad de reconocer unilateralmente: el reconocimiento del padre, válido mientras no fuere impugnado por la madre, solo tenía efectos respecto del padre. (art. 336). La filiación natural se reconvertía en divisible y se alejaba de la idea revolucionaria del matrimonio informal entre los padres.

El hijo estaba casi totalmente imposibilitado para accionar contra su padre natural. El artículo 340 declaraba que "la investigación de la paternidad está prohibida", en una fórmula tajante que buscaba poner término a todos los abusos asociados a la reputación escandalosa de este procedimiento durante el Antiguo Régimen (la "peste de la sociedad", de acuerdo a Bigot de Préameneu). A petición de Cambacérès y gracias a la intervención del Tribunado, se introdujo una sola excepción a esta rigurosa prohibición, en caso de rapto de la madre en la época de la concepción. La voluntad de "fren[ar] la perversidad de las mujeres mancilladas y desvergonzadas" prevaleció sobre la de proteger a la inexperta contra los "peligros de la seducción", pues los tribunales tenían la facultad de declarar si el raptor era padre o no del hijo. Por el contrario, fuera del matrimonio, como la ley "sólo conoce a la madre", la investigación de la maternidad era admitida con algunas precauciones, como la exhibición de un comienzo de prueba por escrito (art. 341). Ninguna investigación de maternidad o paternidad era posible para los hijos adúlteros e incestuosos, considerados como "hijos monstruosos", de quienes "hasta el recuerdo" se quería "extinguir".

Mientras que el reconocimiento forzoso se reducía al mínimo y el reconocimiento voluntario era muy poco incentivado ("la sociedad no tiene interés en que esos bastardos sean reconocidos", afirmaba Bonaparte), la legitimación, ubicada al principio del capítulo sobre los hijos naturales, se presentaba como único medio de poner término al "desorden". El matrimonio posterior de los padres "elevaba" a los hijos nacidos fuera del matrimonio al rango de hijos legítimos, a condición que hubieran sido reconocidos antes del matrimonio o en el acto mismo de su celebración (art. 331). Nuevamente, los frutos de un intercambio adúltero o incestuoso estaban excluidos del beneficio legal.

C) La adopción, un "ensayo en materia de legislación".

Luego de una discusión fecunda en episodios ante el Consejo de Estado, se decidió consagrarle un título a la adopción, que en principio había sido reestablecida durante la Revolución pero sin que hubiera sido objeto de una regulación precisa. Los redactores del Código Civil y el mismo Bonaparte habían dudado entre una adopción de naturaleza cívica, suerte de recompensa otorgada por las más altas autoridades del Estado a los ciudadanos que hubieran servido a la República, y una institución de naturaleza más civil destinada a garantizarle a los propietarios (y, especialmente a los comerciantes y manufactureros) la transmisión de un apellido y un patrimonio. Finalmente, se optó a favor de un "contrato personal", decisión que se acercaba a las disposiciones del Código prusiano.

Presentada como un "acto de consolación" y al mismo tiempo como un "acto de beneficencia", la adopción se concebía en primer lugar en el interés del adoptante: una persona de uno u otro sexo (soltera o casada, en este último caso con el consentimiento del otro consorte), mayor de 50 años (para evitar el incentivo al celibato) y sin descendientes legítimos al momento de la adopción (art. 343). La adopción debía estar precedida de socorros que debían haber sido prestados por el futuro adoptante al futuro adoptado durante su minoría de edad, por un período de seis años a lo menos. Esta condición previa era descartada en el caso heroico en que el adoptado "hubiera salvado la vida al adoptante en combate o retirándolo de las llamas o aguas". El "contrato" de adopción solo concluía cuando el adoptado alcanzaba la mayoría de edad. Este no era necesariamente un huérfano o un niño abandonado, pues el Código Civil preveía la necesidad del consentimiento (hasta los 25 años) o autorización de los padres del adoptado.

Las formalidades de la adopción eran esencialmente judiciales. El acuerdo entre el adoptante y el adoptado se formalizaba ante el juez de paz. Luego el tribunal de primera instancia verificaba la concurrencia de las condiciones exigidas por la ley y controlaba la "buena reputación" del adoptante. A continuación, el tribunal decidía, sin expresar motivos, si concedía o rechazaba la adopción. La corte de apelaciones conocía obligatoriamente de la decisión, confirmándola o invalidándola. La adopción que así era homologada era pronunciada públicamente y se inscribía en los registros del estado civil.

Uno de los efectos principales de la adopción era que agregaba al apellido del adoptado el del adoptante. Este doble apellido ilustraba claramente que no se producía una "mutación de familia". El adoptado se mantenía en su familia natural y conservaba todos sus derechos, especialmente los hereditarios (art. 348). Además, la "cuasi-paternidad resultante de la adopción" (Berlier) daba al adoptado los mismo derechos que a un hijo legítimo en la sucesión del adoptante, sin crear vínculo alguno entre el adoptado y la familia del adoptante. Finalmente, la adopción podía prepararse a través de la *tutela oficiosa:* todo individuo de más de 50 años tenía así la posibilidad de vincularse a un niño menor de 15 años con el consentimiento de sus padres mediante un título legal (otorgado por el juez de paz). El tutor tenía la obligación de alimentar y educar al pupilo; podía adoptarlo, por medio de su testamento después de un plazo de cinco años o cuando alcanzare la mayoría de edad; y se encontraba sujeto a la obligación de indemnizar si no adoptaba al pupilo al que se había dejado sin los medios de procurarse un oficio. Esta institución, "que otorgaba un nuevo socorro a la infancia" (Gary), aparecía como un elemento adicional frente a una adopción reducida a la porción congrua.

III. EL ORDEN EN LA FAMILIA: DE LA POTESTAD PATERNA Y LAS INCAPACIDADES.

Durante los trabajos preparatorios del Código Civil, la familia fue comparada en muchas ocasiones con una "sociedad particular y distinta". Esta requería de un jefe para "mantener su orden" (Real) (A), así como reglas para proteger a los menores bajo tutela, considerados seres débiles (B), a los interdictos y pródigos (C). Si bien los padres eran "los defensores más seguros de sus hijos" (Leroy), la intervención de la autoridad pública era necesaria para prevenir toda causa de desorden.

A) DE LA MAGISTRATURA PATERNA.

Ávidos por reestablecer la potestad paterna, cuestionada durante la Revolución, los redactores del Código Civil no dudaron en titular el título IX del libro I "De la potestad paterna", a pesar de haber utilizado también el término "autoridad" (art. 372), al hacer referencia en sus discursos a la "voz de la naturaleza". De manera sintomática este título se iniciaba con el artículo 371 —el hijo, cualquiera sea su edad, debe honor y respeto a su padre y madre— artículo que contenía, según Bigot de Préameneu "los principios que los otros artículos se limitan a desarrollar y que establecen sus consecuencias".

Con frecuencia calificada de "magistratura", la potestad paterna estaba estrechamente ligada a la persona del padre. La autoridad ejercida sobre los hijos mientras eran menores pertenecía exclusivamente al padre durante el matrimonio (art. 373). Ocho artículos después y con un poder de corrección muy debilitado en relación al del padre, reaparecía la madre que lo sobrevivía, siempre que además no contrajera nuevamente matrimonio. Asimismo, a los padres y madres de los hijos naturales reconocidos se les reconocía un derecho de corrección similar al de los padres legítimos (art. 383). No se hacía mención alguna a los abuelos, ya que "el hijo pertenec[ía] solamente al padre" (Tronchet).

"Directriz o reguladora", la potestad paterna no estaba definida en el Código Civil y no era objeto de una regulación exhaustiva (únicamente a través de los artículos 203 y 385, sobre la obligación de los padres de alimentar, mantener y educar a los hijos "según su fortuna"). Mientras que Bonaparte aspiraba a que se regulara la educación (diferenciando aquella de los hijos varones de la de las hijas y dando alguna autoridad a la madre, "institutriz natural de los hijos"), el Código Civil proporcionó sobre todo herramientas al padre de familia. Solamente él podía autorizar al hijo a abandonar la casa paterna, fuera del caso (revelador) en que el hijo quisiera enrolarse en el ejército, a partir de los 18 años. En caso de "motivos de descontento muy graves sobre la conducta del hijo", el padre podía ordenar o requerir su detención. Hasta los 16 años, el padre podía obtener del juez mediante una simple petición una orden de arresto por un período máximo de un mes. Más allá de los 16 años, el padre solo podía dirigirse al presidente del tribunal civil, quien aceptaba o rechazaba la detención a lo más por seis meses (art. 376-377). Si bien ya no se trataba de "tribunales de familia", como durante la Revolución, la intervención judicial no era en ningún caso sinónimo de publicidad o de contradictorio. "Los errores de los hijos deben solucionarse en el ámbito de la familia" (Vesin), sin formalidades ni escritos, y el padre tiene un "derecho de gracia" para reducir eventualmente el período de detención. El único recurso que tenía el hijo era dirigirse por escrito al ministerio público del tribunal de apelaciones, quien podía ordenar un reexamen secreto del caso. En el caso que el padre o especialmente la madre contrajeran nuevamente matrimonio, se tomaban precauciones (en el caso de la madre, debían concurrir necesariamente dos parientes cercanos de línea paterna), lo mismo si el hijo tenía bienes personales o "ejerc[ía] un estado".

Asimismo, la potestad paterna conllevaba "derechos útiles" para los padres (en forma prioritaria, siempre el padre, pero también la madre en caso de deceso previo del padre): el goce de los bienes de los hijos hasta los 18 años (art. 384), salvo respecto de los bienes adquiridos por los hijos en un trabajo o industria separados o legados condicionalmente con este propósito. Al mantener (con ciertas reticencias) la edad emancipadora a los 21 años, que había sido instaurada por el derecho revolucionario (art. 388, único que conformaba el capítulo "de la minoría de edad"), los redactores del Código Civil pensaron que habían impedido toda forma de volver al "despotismo paterno".

B) De la tutela y la emancipación.

Los redactores del Código Civil dieron muestras de eclectismo al acudir a las diversas fuentes del antiguo derecho para establecer las reglas de la tutela. A pesar de invocar "el interés del hijo", especialmente a propósito de la emancipación, siempre tuvieron en vista la "salvaguardia del derecho de propiedad" (Leroy). Es así como el capítulo "de la tutela" comenzaba por hacer del padre el administrador de los bienes personales de sus hijos menores (art. 389), durante el matrimonio. Con el deceso del padre o la madre se producía la tutela, conferida de pleno derecho al cónyuge sobreviviente. Los codificadores afirmaban haber querido borrar "desigualdades excesivas entre los dos sexos" (Berlier), pero manifestaron que no buscaban la igualdad absoluta entre el padre y la madre. El padre que tenía dudas acerca de las capacidades de su mujer podía solicitar que se nombrara un consejo especial, que concurriría necesariamente con la madre tutora (art. 391). Además, la madre podía rechazar la tutela y en caso de contraer nuevo matrimonio, debía convocar un consejo de familia para que se confirmara o no su tutela.

El menor huérfano podía tener un tutor designado por testamento del padre que haya muerto el último, o a falta de este, un tutor de derecho escogido entre sus ascendientes, dándose prioridad a la línea paterna. Mientras que la tutela testamentaria era presentada como una manifestación de la confianza de la ley hacia los padres, la tutela legal era considerada como "una continuación necesaria de la organización misma de la familia" (Leroy). En ausencia de ascendientes y teniendo en cuenta las excusas o incapacidades detalladas en los artículos 427 a 449, el tutor (que no podía ser una mujer en este caso) era elegido por un consejo de familia compuesto por seis parientes por consanguinidad o afinidad y por el juez de paz, quien lo presidía. La elección de los parientes, mitad del lado paterno y mitad del lado materno, privilegiando la proximidad del grado y la edad más avanzada, es otra manifestación más de las concepciones de los codificadores acerca del parentesco y los medios de solución de las intrigas, produciéndose el llamamiento de los amigos de los padres solo en última instancia.

En todas las hipótesis (comprendido el caso de tutela del padre y madre), el consejo de familia era una especie de tribunal doméstico que actuaba junto al tutor, quien se encargaba de la persona del menor y administraba sus bienes "como buen padre de familia". Los actos más importantes (aceptación de una herencia o donación, préstamos, enajenación de bienes inmuebles...) requerían autorización del consejo de familia e incluso algunas veces de la homologación del tribunal. Así, la administración de la tutela se concebía de manera rígida con el objeto de conservar los inmuebles del menor (los muebles eran por lo general vendidos y los ingresos debían, en principio, exceder los gastos).

Al cumplir los 15 años, el menor podía ser emancipado por su padre o, en su defecto, por su madre (a los 18 años en el caso del huérfano, por deliberación del consejo de familia). Libre de su persona, adquiría capacidad para todos los actos "de simple administración" (art. 481) y además el menor comerciante "era reputado mayor de edad en los hechos relativos a ese comercio" (art. 487). Pero ciertos actos del menor emancipado requerían asistencia de un curador o incluso (para los préstamos o enajenaciones de inmuebles) de una autorización del consejo de familia. "Preparación para la juventud", la emancipación era vigilada por los tribunales (que podían limitar las obligaciones excesivas) y era susceptible de revocación.

C) De los mayores incapaces.

En primer lugar, el Código Civil contemplaba la interdicción de los mayores "en un estado habitual de imbecilidad, demencia o furor". La interdicción del imbécil o del demente —cuya suerte (siempre vinculada a la conservación de sus bienes) interesaba solamente a su familia— solo podía producirse a instancias de un pariente. El ministerio público debía actuar en caso de "furor" y de inacción de los parientes. El tribunal civil decidía la interdicción (o la asistencia obligatoria de un consejo para ciertos actos), previo dictamen de un consejo de familia y del interrogatorio de la persona concernida. Al interdicto se le designaba un tutor y se le asimilaba a un menor. La mujer podía ser tutora de su marido, sujeta al control del consejo de familia, "resguardo contra la inexperiencia de las personas de ese sexo" según Bertrand de Greuille. Para evitar una "economía sórdida" por parte de una familia indigna, los ingresos del interdicto debían destinarse esencialmente en "aliviar su suerte y acelerar su recuperación" (art. 510).

Luego de serias vacilaciones (en relación a la noción de abuso de la propiedad), los codificadores contemplaron la posibilidad de acudir a la justicia para obtener la nominación de un consejo para el *pródigo*. A este se le prohibía entonces accionar, endeudarse y enajenar personalmente. El Estado, "interesado en la conservación de las familias", no podía admitir la ruina de una familia a causa de la fantasía de un disipador, "especie de loco" (Emmery).

SECCIÓN 3: LAS RELACIONES PATRIMONIALES Y LA FAMILIA.

La familia y la propiedad están unidas por múltiples vínculos en el Código Civil. El estado civil y el parentesco pudieron ser presentados por los codificadores como formas de propiedad. Las disposiciones sobre regímenes matrimoniales (I) y sobre las sucesiones (II), si bien se insertaron en el libro III del Código, relativo a las "diferentes maneras por las que se adquiere la propiedad", no constituyen sino la prolongación en el ámbito de los bienes, de las relaciones personales instauradas por el libro I entre marido y mujer y entre padres e hijos.

I. LA LIBERTAD ENMARCADA DE LAS CONVENCIONES MATRIMONIALES.

Frente a la diversidad de regímenes matrimoniales del antiguo derecho, que no había sido cuestionada directamente por la legislación revolucionaria, los redactores del Código Civil hicieron un "retoque" para no arrancar los franceses de sus hábitos. El artículo 1387 establecía el principio de la libertad de las convenciones matrimoniales. Sin embargo, la ley contemplaba algunas reglas de orden público que eran impuestas a los contratantes. En sus estipulaciones, estos no podían menoscabar los derechos del marido "como jefe" (art. 1388), ni alterar el orden legal de las sucesiones (art. 1389). Además, los contratantes no podían remitirse a una costumbre o a una ley antigua: los usos del Antiguo régimen podían perpetuarse, pero las fuentes del antiguo derecho debían desaparecer. Antes de su celebración el contrato matrimonial debía quedar establecido ante un notario, sin ser susceptible de ser modificado posteriormente. Especialmente, el régimen de comunidad[2] constituía "el derecho común en Francia" y se imponía a falta de contrato. Luego de intensas

2 N. del T.: régimen de sociedad conyugal.

discusiones, los codificadores dieron preferencia a la comunidad (A), aunque se otorgó un lugar importante (anunciado desde el artículo 1391) al régimen dotal (B) y se previeron otros modelos de cláusulas con el objeto de ampliar la gama de regímenes matrimoniales (C).

A) Del régimen de comunidad.

Acorde al derecho común consuetudinario y los proyectos revolucionarios, la comunidad de muebles y gananciales fue considerada por los redactores del Código como el régimen "más favorable al orden social" y el "que más se ajusta al carácter nacional" (Berlier). Este régimen les pareció también el más adaptado para los "matrimonios desprovistos de fortuna" y al "pueblo interesado del campo y las fábricas" (Duveyrier). No obstante, el Código Civil (art. 1401 a 1420) se esmeraba en fijar la composición del activo y pasivo de la comunidad para quienes disponían de inmuebles antes del matrimonio (calificados normalmente como bienes propios) o que heredaban o adquirían por donación durante el matrimonio.

La administración de la comunidad pertenecía exclusivamente al marido, "jefe de la comunidad y dueño de los gananciales". Solamente el marido podía enajenar o hipotecar los bienes comunes (art. 1421). Los artículos 1422 y 1423 admitían solo una "restricción razonable" a las facultades del marido en materia de liberalidades. El marido no podía donar los inmuebles comunes, ni una universalidad o cuota de los muebles, salvo "para el establecimiento de los hijos comunes". Mediante testamento, aquél solo podía disponer de su parte de la comunidad, esto es, la mitad de los inmuebles y muebles que la componían. Se reforzaba la incapacidad de la mujer casada: los actos ejecutados por la mujer (exceptuando la que era *comerciante pública)* sin el consentimiento del marido no comprometían a la comunidad y el marido tenía la administración de los bienes propios de su mujer (aquél, sin embargo, no podía enajenarlos sin el consentimiento de esta).

Disuelta la comunidad, la mujer recuperaba la calidad de socia en la tradición del derecho consuetudinario. Disponía de un derecho de opción para aceptar o rechazar la comunidad (art. 1453). En caso de renunciar, la mujer recobraba únicamente sus bienes propios sobre los bienes de la comunidad, y a falta de ellos, sobre los bienes propios del marido. En caso de aceptación, la repartición se regulaba mediante un sistema de indemnizaciones y recompensas si los bienes propios de los esposos habían sido enajenados o mejorados a expensas de la comunidad. Para no comprometer los intereses de la mujer, esta no resultaba obligada por las deudas de la comunidad sino hasta la concurrencia de su emolumento (art. 1483).

B) Del régimen dotal.

Sin ser considerado como una "legislación especial" de una parte de Francia, el régimen dotal era objeto de un capítulo en el Código Civil de más de cuarenta artículos, a los cuales podían someterse los contratantes que se mantenían fieles a una tradición proveniente del derecho romano. Este régimen no se caracterizaba por la constitución de una dote que aportaba la mujer al momento de su matrimonio (dote que también estaba presente en el régimen de comunidad), sino que por el estatuto de los bienes dotales y la existencia eventual de bienes de la mujer que no fueran dotales.

Los bienes dotales —formados por una parte o la totalidad de los bienes presentes y futuros de la mujer, o incluso de un "objeto individual"— se constituían (normalmente por los padres de la mujer) en el contrato de matrimonio. El marido tenía la administración de los bienes dotales durante el matrimonio (art. 1549), pero los inmuebles dotales eran, en principio, inalienables (y no susceptibles de ser hipotecados) durante el matrimonio (art. 1554). Este principio de inalienabilidad no regía en el caso del establecimiento de los hijos, en ciertas ocasiones bajo autorización de la justicia (por ejemplo, para librar de la prisión al marido o la mujer, o para realizar un intercambio útil) y sobre todo si la enajenación haya sido permitida en el contrato de matrimonio (art. 1557). El Código Civil no se refería al estatuto de la dote mobiliaria, ni establecía las consecuencias expresas de estas reglas a propósito de la incapacidad de la mujer casada. Pero es claro que un régimen así estaba concebido con el objeto de "proteger a la mujer de su propia debilidad" (Berlier) y con el objeto de conservar los bienes en la familia. Al fallecer uno de los esposos, la dote debía ser restituida a la mujer o a sus herederos; esta restitución estaba garantizada por una hipoteca inoponible a los acreedores anteriores al matrimonio.

Si existían *bienes parafernales* (es decir, bienes de la mujer que no habían sido constituidos en dote), la mujer tenía la administración y el goce de ellos. Sin embargo, esta no podía enajenarlos sin la autorización del marido (art. 1576), contrariamente a lo que ocurría en el Antiguo Régimen, además, los artículos 1577 y 1578 de alguna manera la invitaban a abandonar la administración de estos bienes al marido. Ni hablar de concederle a la mujer un ápice de independencia "que su interés no acepta, la naturaleza desmiente y que la ley francesa rechaza" (Duveyrier).

C) Un abanico de cláusulas a elección de las partes.

Al final del capítulo dedicado a la comunidad legal, los artículos 1497 a 1539 del Código Civil proponían a las partes un abanico —bastante amplio, pero no exclusivo— de cláusulas que estas podían incorporar al contrato de matrimonio, que derogaban el régimen legal o esbozaban regímenes especiales. Así, junto a las cláusulas que limitaban las comunidad a los gananciales o que incorporaban un inmueble propio a la comunidad (cláusula denominada *d'ameublissement)*, existía la posibilidad de estipular una comunidad universal.

Los codificadores no habían querido erigir a la altura del régimen dotal a las convenciones que excluían la comunidad, más originales y cuya ocurrencia se previó escasa. En virtud de un contrato sin comunidad, el marido podía tener la administración de todos los bienes de la mujer, cuyos ingresos debían "proveer a las cargas del matrimonio" (art. 1530), a menos que mediante una cláusula se atribuyera a la mujer una renta anual "para su manutención y sus necesidades personales". En caso de *separación de bienes* convencional, la "mujer conservaba la completa administración de sus bienes muebles e inmuebles" y debía contribuir a las cargas del matrimonio (a falta de estipulación, su contribución se establecía de manera sintomática a un tercio de las cargas). "En ningún caso", la mujer separada de bienes podía enajenar sus inmuebles sin autorización del marido o de la justicia (art. 1538): el hincapié en esta formulación recuerda que aún subsistía la "ley del matrimonio", es decir, la obediencia de la mujer hacia el marido.

II. La legislación "liberal" de las sucesiones.

Los codificadores coincidían al ver en las sucesiones una institución civil. "Tan pronto como morimos, los vínculos que mantienen en nuestra dependencia nuestras propiedades se rompen; solo la ley puede reanudarlos", afirmaba Simeón. Es la ley y no la naturaleza, pensaba Tronchet, la que "relacionó el derecho de suceder" al parentesco y que estableció las reglas de transmisión hereditaria (A). Asimismo, la facultad de testar era considerada como un "beneficio de la ley civil" que se otorgaba como liberalidad a los padres de familia y que le permitía a la sociedad descargarse "de una parte de su solicitud" (Portalis) (B).

A) Órdenes de sucesión, órdenes de afección.

A falta de una expresión de voluntad del *de cujus,* "la ley regula el orden de sucesión" (art. 723), sin considerar (contrariamente a lo que hacían numerosas costumbres) la naturaleza o el origen de los bienes (art. 732). Al tratarse, de cierta manera, "del testamento presunto" (Treillhard) de una persona, la ley pretendía inspirarse de las "afecciones naturales y legítimas" del hombre. Al mismo tiempo, los miembros de la familia del difunto tenían derechos de parentesco que podían hacer valer. Así, el Código Civil ubicaba en primer lugar a "los herederos legítimos", que eran los hijos del difunto y sus descendientes, ascendientes y colaterales, sucesivamente (art. 731).

Entre hijos legítimos, la ley no establecía ninguna distinción fundada en el sexo, la primogenitura o nuevas nupcias. La representación, "ficción de la ley" (art. 739), se efectuaba al infinito en línea directa, operándose la repartición por estirpes en tal caso. A falta de descendientes, la sucesión correspondía a los ascendientes y colaterales. En ese caso, entraba en juego la regla de la *fente*[3] (que era conocida por algunas costumbres y que había sido consagrada por el derecho revolucionario), en virtud de la cual se dividía la herencia en dos partes iguales, una para la línea paterna y la otra para la línea materna. El padre y la madre recibían una mitad de la herencia, los hermanos y hermanas (colaterales denominados *privilegiados,* al igual que sus descendientes por representación) compartían la otra mitad (las tres cuartas partes si alguno de los padres había fallecido). Luego eran llamados los otros ascendientes (en cada línea se prefería al ascendiente más cercano y a los colaterales sustitutos antes que a los ascendientes que faltaran en la línea) y finalmente los colaterales hasta el decimosegundo grado, más allá del cual las relaciones de familia no eran tomadas en consideración. Nuevamente se aplicaba la regla de la *fente* y la transmisión hereditaria de línea a línea en

3 N. del T.: El énfasis es del autor.

ausencia de heredero en un grado con derecho a suceder (art. 755). En todos los supuestos, los ascendientes recuperaban lo que habían entregado a sus descendientes (art. 747).

A continuación, el Código Civil trataba las "sucesiones irregulares", que procedían a la falta de heredero legítimo "en la familia" del difunto. Esta expresión se utilizaba sobre todo para privar a los hijos naturales de la calidad de herederos. Solo los hijos naturales reconocidos disponían de "derechos por causa de nacimiento", a pesar que estaban "fuera de la familia" (Simeón). La ley les atribuía, en la sucesión de su padre y madre, "un derecho proporcional al valor de los bienes", porción que se restringía en presencia de hijos legítimos (un tercio de la porción de un hijo legítimo, art. 755) y que se extendía en presencia de ascendientes, colaterales privilegiados (la mitad de una porción), o de colaterales más alejados (tres cuartos de porción). Además, los padres podían reducir en vida en una mitad la parte de los hijos naturales (art. 761), liberando así a la familia de un "acreedor odioso", según Simeón. En el título de la filiación, el artículo 337 del Código Civil ya había restringido los derechos del hijo natural que uno de los esposos había reconocido después del matrimonio, en detrimento del otro. A los "frutos desgraciados" del adulterio e incesto (suponiendo que su filiación estuviere indirectamente establecida), la ley solo les concedía alimentos por "lástima" (art. 762).

Después de los hijos naturales, el cónyuge sobreviviente se consideraba igualmente como un sucesor irregular, que solo primaba ante el fisco. "El cónyuge sobreviviente, por muy cercano que fuera el vínculo que lo unía con el difunto, pertenece a una familia extraña". Finalmente, el Estado adquiría las herencias vacantes ya que "lo que no pertenece a ningún individuo pertenece al cuerpo social". Los sucesores irregulares estaban obligados a solicitar judicialmente la posesión efectiva de los bienes de la herencia, mientras que los herederos legítimos "[tenían] la posesión de los bienes, derechos y acciones del difunto de pleno derecho" (art. 724). Los herederos legítimos podían aceptar (pura y simplemente o con beneficio de inventario) la herencia o renunciar a ella. Los coherederos podían provocar en todo momento la partición al pedir en especie la parte que les correspondía de los bienes muebles e inmuebles de la sucesión (art. 826) y la ley solo se limitaba a recomendar que se evitara "el fraccionamiento de las heredades y la división de las explotaciones".

B) "Libertad compatible con los deberes de familia"

Con estas palabras Bigot de Préameneu presentaba el título sobre las donaciones y testamentos del Código Civil, recordando la disyuntiva que significó el establecimiento de la porción de libre disposición. Los redactores del proyecto del año IX y los miembros de la sección de legislación del Consejo de Estado habían propuesto fijar esta porción en un cuarto de los bienes del *de cujus* en el caso que este tuviera descendencia. De esta manera, habían retomado la principal innovación introducida por la ley del 4 germinal del año VIII (25 de marzo de 1800), abandonando la ínfima porción de libre disposición prevista por la ley revolucionaria del 17 nivoso del año II. La discusión en el Consejo de Estado, en nivoso-pluvioso del año XI, había mostrado que desde que fue planteada por la Constituyente, la igualdad sucesoria seguía siendo un asunto delicado. Maleville, Tronchet y Portalis querían conferirle a la potestad paterna herramientas "para recompensar y castigar", Bonaparte temía "la excesiva subdivisión" de las pequeñas fortunas, mientras que Berlier y Real se alzaban contra el regreso a cualquier forma del derecho de primogenitura. Finalmente, Cambacérès había encontrado una solución intermedia con una *legítima* que variaba según el número de hijos.

Las liberalidades no podían exceder la mitad de los bienes si había un hijo legítimo, un tercio si habían dos y un cuarto si habían tres o más (art. 913). La porción de libre disposición se elevaba a la mitad en presencia de ascendientes. Los colaterales, en cambio, no disponían de ninguna legítima, con el objeto de que a los propietarios se les reconociera "una plena libertad, susceptible de hacer que la industria tome vuelo y afronte todos los peligros". La porción de libre disposición podía entregarse o legarse a uno de los hijos con dispensa de colacionar (art. 919) — así, el padre de familia podía tomar en cuenta las desigualdades naturales, los afectos y el trabajo de cada uno de los hijos—. En cambio, las liberalidades no podían servir para mejorar la situación legal de los hijos naturales (art. 896). El Código Civil prohibía las sustituciones (art. 896), que "sacrificaban" a todos los miembros de una familia "para reservarle a uno solo el resplandor de la fortuna". Para "conservar la fuerza necesaria a la potestad de los padres y madres sin ofender a la justicia", los padres podían, no obstante, entregar bienes a los hijos (sospechosos de disipación) con cargo de restituirlos a sus propios hijos sin necesidad de distinguir (art. 1048). Las donaciones entre esposos (siempre revocables) solo podían comprender, en presencia de hijos, la propiedad del cuarto de todos los bienes y el usufructo de otro cuarto (art. 1904), sin exceder en caso que se hubiera contraído nuevo matrimonio de la parte que corresponde al hijo legítimo.

Estas liberalidades podían efectuarse por donación entre vivos, ante notario (art. 931) y en principio eran irrevocables (salvo por inejecución de las condiciones, sobreviniencia de hijos o en todos los casos legales de ingratitud del donatario) o por testamento. Tres formas de testamento (inspiradas en la ordenanza de 1735 del canciller Daguesseau) eran posibles: *ológrafo* (escrito de la mano del testador), *abierto* (recibido por dos notarios en presencia de dos testigos) o *cerrado* (escrito o dictado por el testador, presentado cerrado y sellado a un notario y al menos seis testigos). Se contemplaban reglas especiales para los testamentos de militares, marinos o de franceses en el extranjero. Los testamentos eran susceptibles de comprender (bajo cualquier denominación, incluso la de *institución de heredero)* legados particulares, universales o a título universal (sobre una parte proporcional de los bienes). El legatario universal no tomaba posesión de los bienes de la herencia de pleno derecho a menos que no existieran herederos legítimos (art. 1006).

El Código Civil dedicaba, finalmente, un capítulo particular destinado a la repartición de los ascendientes, "otro tipo de disposiciones que debe tener una gran influencia en el destino de las familias" (Bigot de Préameneu). Mientras estuvieran vivos, los ascendientes podían repartir sus bienes entre sus descendientes, especialmente con el propósito de "evitar los desmembramientos" y conservar en uno de los hijos la habitación familiar. Sin embargo, esta repartición debía respetar las reglas relativas a la legítima y podía impugnarse por causa de lesión de más de un cuarto (art. 1079).

Los codificadores esperaban "grandes ventajas" de esta institución en el establecimiento "del orden en la familia" (Jaubert). "El título más bello del Código Civil" (Sédillez), al regular "los efectos de las liberalidades" reforzaba la potestad paterna.

Leer también

- Brisset J., *L'adoption de la communauté comme régime legal dans le Code civil,* París, PUF, 1967.
- Bruschi Ch., "Droit de la nationalité et égalité des droits de 1789 à la fin du XIXe siècle", en S. Laacher (dir), *Question de nationalité. Histoire et enjeux d'un Code.* L'Harmattan, 1987, p. 21-59.
- *La Famille, la Loi, l'État de la Révolution au Code civil,* textos reunidos y presentados por I. Thery y Ch. Biet, París, Impresiones *nationale,* 1989.
- Martin X., "À tout age? Sur la durée du pouvoir des pères dans le Code Napoleón", *Revue d'Histoire des Facultés de droit et de la science juridique,* 1992, n°13, p. 227-301.
- Ronsin Fr., *Le contrat sentimental,* París, Aubier, 1990.

CAPÍTULO III: EL BREVIARIO DE LOS PROPIETARIOS.

Los libros II y III del Código Civil, que reunían 1.766 artículos de 2.281, se referían expresamente a los bienes, las modificaciones de la propiedad y a las diferentes maneras de adquirirla. Basta esta constatación para demostrar el lugar central que tenía la propiedad en el Código Napoleón. Sus redactores, de hecho, no lo ocultaron: la propiedad es "el alma universal de la legislación" (Portalis) y de una cierta manera, el cuerpo entero del Código Civil y todos sus títulos está consagrado al ejercicio de este derecho (Grenier). Esta afirmación no impide, como ya se vio, concebir la existencia de otro eje fundamental alrededor del derecho de las personas y las estructuras familiares. Pero una afirmación así induce a no dar mucha importancia a la separación formal entre derecho de los bienes y derecho de las obligaciones. Si bien el libro II del Código tenía por objeto definir y delimitar la propiedad (sección 1), el libro III abarcaba a los contratos, las obligaciones extracontractuales y las garantías como medios de transferir, explotar y garantizar la propiedad (sección 2).

SECCIÓN 1: DEFINICIÓN Y DELIMITACIÓN DE LA PROPIEDAD.

Suele simbolizarse al libro II del Código Civil por el solo artículo 544, a tal punto este parece emblemático del nuevo derecho civil. Los otros artículos de este libro son relegados a segundo plano en razón de su alcance más limitado y su tecnicidad más acentuada. Este contraste debe ser matizado, en la medida que la lectura de otras disposiciones del Código Civil aclaran en gran parte el sentido del artículo 544. Pero este último expresa nítidamente la oposición entre una definición de la propiedad que, por su carácter unitario, constituye una prolongación de las declaraciones revolucionarias (I) y un derecho de los bienes que, a través de la idea de "modificaciones de la propiedad", se inscribe más bien en la tradición del antiguo derecho (II).

I. UNA DEFINICIÓN REVOLUCIONARIA DE LA PROPIEDAD.

Definir la propiedad constituye en sí, en relación al método de los juristas romanos y los textos del antiguo derecho, una elección que corresponde a una visión unitaria y subjetivista del "derecho de propiedad". El Código Civil se ubica aquí en la línea de las declaraciones de los derechos del hombre del período revolucionario, la de 1789 que hacía de la propiedad un "derecho inviolable y sagrado" y sobre todo en las de 1793 y 1795, que contenían una definición de la propiedad. Ya se encuentra en ellas la mención al "derecho de gozar y disponer" de los bienes (A), mientras que la agregación del pleonasmo "de la manera más absoluta" (B) y la reserva del respeto a las leyes y reglamentos (C) reflejan más bien las preocupaciones de los codificadores del Consulado.

A) El derecho a gozar y disponer de las cosas.

Al definir la propiedad como "el derecho de gozar y de disponer de las cosas", el artículo 544 del Código Civil consagraba, al mismo tiempo que sugería, algunas ideas. La propiedad era presentada como un derecho, que el hombre podía ejercer (aun cuando el tribuno Grenier la veía todavía como una "cualidad moral inherente a las cosas"). Sin embargo, el Código no se pronunciaba expresamente sobre los titulares del derecho de propiedad, a diferencia de la Declaración de los derechos del hombre y del ciudadano del 24 de junio de 1793, que la veía como un derecho perteneciente "a todo ciudadano". Asimismo, mencionaba dos prerrogativas fundamentales del propietario: el derecho de goce, que corresponde al *usus* y al *fructus* de los romanistas (de Bartolo a Pothier) y el derecho a disponer cuya libertad, establecida a favor de los "particulares" en el artículo 537, ponía fin a las trabas que oponía el antiguo derecho a la circulación de los bienes. El artículo 544 aplicaba este derecho a gozar y disponer, de manera neutra, a las "cosas", lo que implicaba su extensión a todos los tipos de bienes. Ya no se hacía más alusión a los ingresos, frutos del trabajo y de la industria, como en las declaraciones de derechos de 1793 y 1795.

El laconismo de esta definición de la propiedad contrasta con los múltiples desarrollos teóricos presentes en los *Trabajos preparatorios*. Portalis se distinguía particularmente por su voluntad de hacer de la propiedad un derecho cuyo principio estaba "en la constitución misma de nuestro ser", un derecho natural por su origen, que se ejercía primero sobre las cosas mobiliarias por medio de la ocupación y el trabajo, y que luego se extendía sobre las cosas inmobiliarias. Para Portalis, la propiedad era "de la naturaleza", pero "no es en el derecho natural en donde se deben de buscar las reglas de la propiedad". Chabot de l'Allier y otros "redactores" del Código Civil consideraban incluso que "la sociedad civil es la única y verdadera fuente de la propiedad". Así, el artículo 544 no zanjaba la controversia sobre el origen, natural o civil, de la propiedad.

B) "De la manera más absoluta".

Esta formulación pleonástica se debe probablemente a la sección de legislación del Consejo de Estado. El proyecto de la comisión gubernamental prefería hablar de "plena propiedad". Tal cambio esclarece las razones que llevaron a los codificadores a calificar la manera en que se ejercía el derecho de propiedad. Insistir sobre el derecho absoluto de disponer de la cosa permitía, en primer lugar, distinguir la propiedad del usufructo. Se trataba, en seguida y sobre todo, de excluir todo regreso a la feudalidad y a la teoría del "dominio dividido" correspondiente al sistema de las *tenures*[1]. El temor a la reaparición de cargas prediales que recordaran en cualquier forma al

1 N. del T.: En el derecho del antiguo régimen, se refiere al modo de conceder una heredad, una finca: modo de tener. No en cursivas en el texto original.

régimen feudal seguía latente y se expresaba a través de varios artículos del Código Civil. El artículo 530 recordaba que, desde la Revolución, toda renta predial era "esencialmente redimible". El artículo 686 prohibía, al establecer servidumbres, imponer servicios a una persona o en favor de una persona. Las disposiciones relativas al arrendamiento de "heredades rurales" buscaban impedir la constitución de un derecho perpetuo de goce a favor del inquilino, mediante renovación tácita del arrendamiento (art. 1775), por ejemplo. Librada de "dependencias feudales, franqueadas para siempre" (Treilhard), de la misma manera se liberaba a la propiedad de limitaciones colectivas: todo propietario podía cercar su heredad y sustraerse del derecho a los pastos comunes (art. 647-648).

Por último, no hay duda que el empleo del calificativo de absoluto — ya utilizado en 1789 por Mirabeau, quien hablaba del individuo "dueño absoluto" de su bien— tranquilizaba a todos los propietarios inquietos (Portalis y Grenier habían despertado el fantasma de las "falsas doctrinas" sobre la propiedad), particularmente a los compradores de bienes nacionales. No se trataba, sin embargo, de hacer del propietario un "soberano" que disponía un derecho ilimitado sobre su cosa. "La inteligencia se niega a ver el abuso de la propiedad erigida en derecho" (Grenier).

C) Limitar por vía legal y reglamentaria.

Al distinguir la libertad (que se le reconocía al propietario) de la independencia (que conduciría a la licencia), Portalis justificaba la necesidad de regular la propiedad a través de las leyes. Teniendo en cuenta la extensión del poder reglamentario en la constitución del año VIII y en virtud de la práctica administrativa (lo que aún se denominaba "reglamentos de policía"), el artículo 544 del Código Civil limitaba los derechos del propietario al impedirle hacer un "uso prohibido por las leyes o reglamentos". Inmediatamente después, el artículo 545 recordaba que la propiedad privada debía ceder ante "la utilidad pública" y que para la expropiación debía "mediar una justa y previa indemnización". Aun cuando se consideraba que en esta ocasión el Estado debía actuar como un particular tratando con otro particular, los codificadores no dudaron en que la propiedad debía someterse "a la noble noción del bien público".

Omitiendo la referencia a los bienes de dominio público (art. 537 a 541), el Código Civil aludía al derecho a regular por ley el uso de la propiedad privada en varios lugares. Estaba presente a propósito de los pródigos, para justificar una grave limitación de la libertad de un mayor de edad y para disponer de sus bienes, o respecto de las sucesiones para fundar el orden legítimo de herederos. En el libro II, el artículo 552 anunciaba limitaciones a los derechos del propietario, resultantes de leyes y reglamentos relativos a las minas. Asimismo, "el uso de los bosques y selvas se [encontraba] regulado por leyes particulares" según el artículo 636, mientras que el artículo 715 anunciaba textos especiales sobre "la facultad de cazar o pescar". Finalmente, para Portalis "un propietario no podría tener la libertad de obstruir a través de una construcción particular los proyectos generales de la administración pública".

Al convivir con sus semejantes, el hombre debía respetar sus derechos, así el Código Civil establecía bajo el nombre de *servidumbres* o *services fonciers*[2] "las obligaciones y servicios que un propietario no podría desconocer sin caer en injusticia, quebrantando los vínculos de la asociación común" (Portalis). Algunas de estas servidumbres derivaban de la "situación de los lugares": así, los predios inferiores se encontraban obligados a recibir el agua proveniente de los fundos superiores (art. 640). Si bien el propietario de una fuente podía usarla según le pareciera (art. 641), este no podía alterar su curso cuando esta abastecía de agua a una ciudad (art. 643). En el mismo espíritu de equilibrio entre derechos de particulares y bien público, aquél cuya propiedad bordeaba un río podía hacer uso de este para regadío y eran los tribunales los que debían resolver las impugnaciones, conciliando "el interés de la agricultura con el respeto debido a la propiedad". Finalmente, figuraban entre las servidumbres "establecidas por ley", las paredes y zanjas medianeras o las servidumbres de paso sobre de predios enclavados. En estos últimos casos, los derechos del propietario solo se limitaban en beneficio de las propiedades vecinas, de acuerdo a "la utilidad de los particulares" (art. 649 y 651).

II. UN DERECHO DE LOS BIENES MÁS TRADICIONAL.

Recurriendo a soluciones del derecho consuetudinario para clasificar los bienes (A), al derecho romano y a la tradición doctrinaria para las normas sobre las "modificaciones de la propiedad" (B), los redactores del Código Civil fueron bastante poco originales en la elección de las disposiciones en detalle relativas al derecho de bienes, aun cuando la mayoría de ellas se condecían con la nueva concepción de propiedad.

A) La distinción de los bienes y su alcance.

El libro II del Código Civil se iniciaba con un adagio de derecho común consuetudinario: "Todos los bienes son muebles o inmuebles". Las subdivisiones entre inmuebles por naturaleza (fundos y edificios), inmuebles por destinación (dispuestos para servir al predio o en forma permanente o perpetua) e inmuebles según el objeto al que se aplican (derechos y acciones inmobiliarias) fueron retomadas en gran parte de Pothier. La enumeración de los inmuebles por destinación evocaba la agricultura tradicional (con el ganado, los utensilios de arado, las aves del palomar, los conejos del conejar o las colmenas de miel) y al mismo tiempo la industria incipiente (con la herrería, la papelera y "otras fábricas"). El término "explotación", utilizado en el artículo 524, suponía que una finca formaba un todo y que la inmovilización de los bienes útiles a esta explotación podría presentarse como un "incentivo a la agricultura" (Savoye-Rollin).

Con la desaparición de los inmuebles incorporales del antiguo derecho, como las rentas y los oficios, los codificadores aspiraron abiertamente a que los muebles pasaran a formar una parte creciente de la fortuna de los ciudadanos. Junto a los animales, barcos y *muebles de menaje* (art. 534), el dinero

2 N. del T.: El énfasis es del autor.

incluido, los créditos, las obligaciones y acciones, así como las rentas, ya eran considerados como bienes muy preciados. Las acciones "en las compañías de finanzas, comercio o industria" se reputaban muebles, pues "los beneficios que ellas procuran son mobiliarios" (Treilhard) y porque los inmuebles de estas compañías pertenecen a una "persona moral" (Goupil-Préfeln). Las rentas, al ser "objetos puramente personales" susceptibles de existir sin una hipoteca sobre un inmueble, también eran muebles por determinación de la ley. Al hacer alusión (en el art. 2075), el Código Civil reconocía lógicamente la existencia de una propiedad (o de una posesión, art. 2228) sobre los bienes incorporales.

Se intentó clasificar los bienes "de la manera más ventajosa a los intereses del propietario" (Savoye-Rollin) sin emitir un juicio de valor acerca de los diversos objetos susceptibles de propiedad. Habiendo perdido la importancia que revestía en el antiguo derecho en materia sucesoria, la distinción entre muebles e inmuebles conservaba relevancia especialmente en los regímenes matrimoniales, el derecho de garantías y en materia de prescripción. Retomando las largas prescripciones del derecho romano (de 10, 20 o 30 años) para la adquisición de inmuebles por posesión prolongada (art. 2262-2265) y consagrando el principio (que procedía de la jurisprudencia del Châtelet de París) "en materia de muebles, la posesión vale como título" (art. 2279), los codificadores reconocieron que los muebles, al circular de mano en mano, se transferían por simple tradición.

B) Las modificaciones de la propiedad.

Consagrando más de 30 artículos al derecho de *accesión*, el Código Civil enumeraba los diferentes modos en que una cosa produce, se reúne o se incorpora a otra. Junto con entregar cierta libertad a los jueces y admitir el recurso a "la equidad natural" (art. 565), los codificadores no temieron retomar hipótesis de escuelas provenientes del derecho romano, como la *especificación* (utilización que hace un artesano de una materia que no le pertenece para formar una cosa de una nueva especie, art. 570). No obstante, las soluciones que se adoptaron se fundaban en la idea que "todo lo que se une y se incorpora a la cosa pertenece al propietario", descartando todas las "ideas fiscales" en beneficio del "derecho de propiedad que emana de una propiedad ya existente" (Grenier). Así, la propiedad individual del suelo se extendía tan lejos como se pudiera, hacia arriba y hacia abajo, a los aluviones y a las islas que se formaban en los ríos no navegables y no flotables. Incluso se previó indemnizar a los propietarios cuyos fundos habían sido inundados por ríos que abandonaron su lecho con las tierras que estos ocupaban anteriormente (art. 563). Al mismo tiempo, los derechos del Estado sobre lechos de ríos navegables o flotables no fueron sacrificados. Se advierte, asimismo, que se consideró el valor de la mano de obra del artesano (art. 571), lo mismo que la suerte de aquél que descubría por casualidad un tesoro en una finca ajena (art. 716).

En cuanto a las otras modificaciones de las que es susceptible la propiedad, el artículo 543 parecía reducirlas a la creación de derechos de goce o de servidumbres. El usufructo se concibió, de acuerdo a los principios del derecho romano, con el objeto de que el propietario conservara la "sustancia" del inmueble (art. 578). Las servidumbres "establecidas por el hecho del hombre" debían ser útiles para el uso de edificios o predios. Estas se establecían por convención, por posesión durante 30 años (únicamente para las servidumbres continuas y aparentes, art. 690) o por "destinación del padre de familia" (art. 692). Los codificadores advirtieron las querellas entre vecinos y no quisieron que "actos generalmente muy equívocos" se transformaran en derechos. Cuidadosos de que no resurgieran formas antiguas de división de la propiedad, los redactores del Código Civil afirmaron abiertamente que no podían existir otras especies de derechos sobre los bienes. Fieles al modelo tradicional de los "derechos reales" (expresión utilizada a propósito de la hipoteca, art. 2114) o de las "modificaciones de la propiedad" y evocando en el artículo 553 la posibilidad de disociar la propiedad del suelo y la de las superficies, los redactores no llevaron al extremo la lógica revolucionaria del artículo 544.

SECCIÓN 2: LA TRANSFERENCIA, EXPLOTACIÓN Y GARANTÍA DE LA PROPIEDAD.

Consagrado a las "diferentes maneras de adquirir la propiedad", el libro III del Código Civil regulaba, después de las sucesiones y las liberalidades, la abundante materia de las obligaciones. Uno de los principales efectos de las obligaciones convencionales, las que son objeto de un extenso título de normas de alcance general (art. 1101 a 1369), como de los compromisos que se forman sin convención, tratados más brevemente en los artículos 1370 a 1386, es el de hacer adquirir o transmitir la propiedad de los bienes (I). Los diferentes contratos, reglamentados en los títulos VI a XIII del libro III, son formas de transferir la propiedad como de explotar los bienes (II). Finalmente, las garantías (fianza, prenda, privilegios e hipotecas) tienen la función natural de garantizar la propiedad (III).

I. LA TEORÍA DE LAS OBLIGACIONES AL SERVICIO DE LA PROPIEDAD.

Si bien los redactores del Código Civil descartaron la idea de redactar una "parte general" (que podría haber estado dedicada a los actos jurídicos), presentaron el título III del libro III como "un cuerpo de doctrina elemental, que tiene a la vez la precisión y la autoridad de la ley" (A). Del mismo modo, el título IV sobre las otras especies de compromisos presentaba un carácter general que contrastaba con los títulos siguientes sobre contratos especiales (B). En apoyo de estos dos títulos y a favor de la "conservación del orden social" (Treilhard) y de la "garantía de las fortunas de los particulares", se invocó al derecho romano (en tanto que "razón escrita") y a la equidad natural (Favard).

A) De la fuerza de las convenciones.

Sin precisar la noción misma de obligación, el Código Civil tomó prestada de Pothier la definición de contrato como una "convención por la cual una o varias personas se obligan, con una o varias personas, a hacer o no hacer alguna cosa" (art. 1101). A continuación, a pesar de que los contratos se dividían en un "pequeño número de clases" (sinalagmáticos y unilaterales, a título gratuito u oneroso), la distinción romana entre contratos nominados e innominados fue rechazada (art. 1107) en beneficio de una concepción global de las convenciones, sin perjuicio de que se reservaran reglas particulares para las "transacciones comerciales".

"Cuatro condiciones son esenciales para la validez de una convención" (art. 1108). Al disponer en primer lugar el consentimiento de las partes, los codificadores quisieron insistir en el rol del "concurso de voluntades de todas las partes interesadas" (Treilhard) en la formación del contrato. Este consentimiento debía ser libre y el error, la violencia y el dolo eran causas de rescisión de los contratos (y no de nulidades de pleno derecho). En principio, nadie podía comprometer u obligar a un tercero (art. 1119), salvo en casos limitados (por ejemplo, en caso de estipulación a favor de otro aceptada por el beneficiario, art. 1121). A continuación, se presentaban como otras condiciones de validez la capacidad de las partes, el objeto (constituido por "cosas comerciables" y determinado en cuanto a su especie) y la causa. La causa, —que no estaba definida por el Código y consistía según Bigot de Préameneu "en el interés recíproco de las partes, o en la liberalidad de una de ellas— no requería ser expresada en el contrato, pero debía existir y no ser "contraria a las buenas costumbres o al orden público" (art. 1133).

La alusión a estas nociones de "orden público" y de "buenas costumbres", que ya figuraban en el artículo 6 del Código Civil, ilustraba los límites de la libertad contractual. Por cierto, el consensualismo predominaba en el Código Civil, en la medida en que solo un número reducido de contratos (el contrato de matrimonio, de donación, la constitución de hipoteca) estaban sujetos a formas solemnes. El acto escrito era necesario solo a título de prueba para las cosas que excedían la suma o el valor de 150 F. (art. 1341, que provenía directamente de la legislación del Antiguo Régimen). Muchos contratos podían ser verbales y se probaban por testigos o por juramento (además, el artículo 1333 se refería a la utilización de las *tailles*[3], haciendo alusión a los palos con muescas utilizados por los panaderos). Sin embargo, no se trataba de una autonomía de la voluntad creadora de derechos. Según el artículo 1134 (inspirado en el derecho romano y en Domat) solamente las convenciones "legalmente" celebradas "tienen fuerza de ley" entre las partes. El tribuno Favard explicaba este artículo al hacer del contrato una "emanación de la ley misma" y el artículo 1135 recordaba a las partes el rol de la costumbre y de la ley en la determinación del contenido de las convenciones.

Los efectos de los contratos obedecían al principio de ejecución de buena fe de los compromisos celebrados. Al tratar de la "obligación de dar", el Código Civil otorgaba la propiedad de la cosa al acreedor de la obligación de entregar, por el solo efecto del consentimiento y sin que fuera necesaria una tradición efectiva (art. 1138). Como nadie podía ser obligado en su persona a

3 N. del T.: "Tarja, caña o palo partido en el que, unidas ambas partes, se talla una muesca por cada unidad de género vendido, quedando una parte en poder del comprador y otra en el del vendedor".

hacer o no hacer algo, este tipo de obligación se resolvió en la de indemnizar los perjuicios en caso de inejecución (art. 1142). En términos generales, el deudor se encontraba protegido, en la medida de que disponía de varios medios para liberarse (pago, compensación, confusión, novación, remisión de la deuda o cesión de bienes) y al estar facultados los jueces para moderar la indemnización de perjuicios en caso de retraso o inejecución. No obstante, a la inversa, los contratos podían incluir cláusulas penales (art. 1226) y el Código Civil contemplaba arrestos sustitutorios en ciertos casos (por ejemplo, por estelionato respecto de los locatarios, o en materia comercial, art. 2059 a 2070) con el objeto de fortalecer las obligaciones respecto de los deudores que se estimaban indignos de protección.

B) Del alcance de las obligaciones no convencionales.

Los redactores del Código Civil, al tratar de la extinción de las obligaciones a propósito de las convenciones (demostrando así una tendencia a confundir obligación, convención y contrato), consagraron solo 17 artículos a las obligaciones formadas sin convención y por lo tanto sin el consentimiento de las partes. El artículo 1370 distinguía las obligaciones que "resultan de la sola autoridad de la ley" (remitiéndose a las obligaciones entre vecinos o de los tutores) y a las que "nacen de un hecho personal del que resulta obligado", tratadas en los artículos siguientes. A pesar de invocarse la equidad natural, la fuerza obligatoria de estos cuasicontratos, delitos y cuasidelitos provenía de la ley, la que "debe querer para nosotros lo que querríamos nosotros mismos si fuésemos justos" (Treilhard).

Los cuasicontratos derivaban de hechos lícitos del hombre. El Código Civil se preocupó sobre todo de regular los efectos de la gestión de negocios ajenos (art. 1372-1375), con cierta desconfianza respecto de los amigos demasiado indiscretos. El gestor de negocios se encontraba obligado a comportarse como "buen padre de familia" en la conservación de la propiedad del "amo". La ley civil se mostraba aun más rigurosa respecto del que había recibido indebidamente un dinero o una cosa, sobre todo si estaba de mala fe (art. 1378). "Estas obligaciones indispensables emanan del principio de no tolerancia a que la propiedad sobre un objeto se transfiera a terceros sin causa legítima" (Tarrible).

El capítulo sobre los delitos y cuasidelitos principiaba por el famoso artículo 1382: "Todo hecho del hombre que cause perjuicio a otro, obliga a aquél por cuya culpa haya ocurrido, a repararlo". La noción de culpa no estaba definida, aun cuando el artículo 1383 precisaba que cada cual era responsable no solo de su "hecho" propio (¿alusión a la culpa intencional constitutiva del delito?), sino que también de su "negligencia" o "imprudencia". A partir de este principio, la responsabilidad se extendía respecto de las "personas por las que se debe responder" —hijos menores para los padres y madres, domésticos y dependientes para los patrones y comitentes, alumnos y aprendices para los institutores y artesanos— o de las "cosas que se tienen a nuestro cuidado", los daños causados por animales o edificios en ruina eran de cargo de sus propietarios.

Los discursos de los oradores del Gobierno o del Tribunado proporcionan algunas justificaciones de estos lacónicos artículos destinados a regir el derecho de la responsabilidad. Se trataba, por medio de una disposición de carácter lo más global posible ("cualquier hecho del hombre"), de declarar al individuo (comprendiendo, decían estos oradores, al pródigo) "garante de su hecho", es decir de todo "hecho ilícito" (Tarrible), de "todo lo que afecte los derechos de otro" (Bertrand de Greuille), constituyendo la culpa una "falta de vigilancia" sobre sí mismo. El orden público y la "conservación de cualquier tipo de propiedad" justificaban que los perjuicios (salvo si eran "obra de la suerte") fueran reparados según una medida uniforme mediante una indemnización pecuniaria. Los delitos "se analizan solamente desde el punto de vista del interés de la persona afectada" (Tarrible), "la ley no puede decidir quién se equivoca y quién debe tolerarse" (Bertrand de Greuille).

Con todo, los artículos 1382 a 1386 no deben ser interpretados como la manifestación del respeto escrupuloso de los derechos de los individuos. Más bien, estos instituían una forma de "garantía civil" de la propiedad ajena y constituían preciosos incentivos a la "vigilancia de los hombres encargados del depósito sagrado de la autoridad". La responsabilidad de los padres y madres, patrones y comitentes, institutores y artesanos debía "mantener en alerta la atención de los superiores sobre la conducta de sus inferiores" y prevenir que se "afloj[ara] la disciplina doméstica" (Tarrible). Lógicamente, la responsabilidad de los padres cesaba en el momento en que los hijos abandonaban la casa paterna y la de los patrones y comitentes solo tenía lugar en el ámbito de las funciones para las cuales los dependientes y domésticos habían sido empleados. Si bien los padres, institutores y artesanos podían exonerarse probando que no habrían podido impedir el hecho que generó el perjuicio, la responsabilidad de los patrones y comitentes era más rigurosa ya que estos eran beneficiarios de un servicio. De esta manera, la ley velaba por "que el propietario, artesano y comerciante se entreg[aran] de lleno a las preocupaciones domésticas, el trabajo o a la especulación".

II. De los contratos especiales y la prosperidad de los propietarios.

El artículo 1107 anunciaba "reglas particulares" para ciertos contratos. Después del contrato de matrimonio, ya analizado a propósito de los regímenes matrimoniales, la compraventa (A) y el arrendamiento (B) captaron especialmente la atención del legislador en títulos de más de 100 artículos. Menos frecuentes y determinantes para la prosperidad de los propietarios, los otros contratos onerosos (C) o gratuitos por esencia (D) fueron objeto de desarrollos menos extensos y más acordes con la tradición.

A) De la compraventa, entre libertad y vigilancia.

La compraventa era considerada por los codificadores como el contrato más corriente, sin el cual "difícilmente podría concebirse la más mínima idea de civilización" (Grenier). Supuestamente originada en el trueque (art. 1702 a 1707), era por naturaleza un contrato consensual y ajeno a formalidades (art. 1582, la escrituración solo se exigía como prueba): "es el consentimiento, es la fe la que hace el contrato" (Portalis). Pero al ser susceptible también de "la codicia y ambición de los hombres", pues regularizaba la transmisión del "patrimonio de las familias" y de las "fortunas de los ciudadanos", la compraventa requería de cierta vigilancia por parte de la administración y de una organización razonable por el legislador.

Los redactores del Código Civil atendieron particularmente al efecto translaticio de la propiedad y a la rescisión por lesión. Contrariamente a los principios del derecho romano, la compraventa se reputó "perfecta entre las partes" (lo que mantenía en la incertidumbre la cuestión de la oponibilidad a los terceros) desde que existía acuerdo en la cosa (comerciable, art. 1583) y en el precio (que debe ser determinado, art. 1591), sin que fuera necesaria la tradición de la cosa o el pago del precio (art. 1583). "Así la voluntad del hombre, ayudada por toda la fuerza de la ley, atraviesa todas las distancias, supera todos los obstáculos, y se vuelve omnipresente como la ley misma". Sin embargo, la voluntad de las partes no era soberana pues existían "reglas de justicia" que debían "dirigir los pactos". A pesar que la ley del 14 fructidor del año III había suprimido la rescisión por lesión (a raíz, sobre todo, de los desórdenes provocados por la depreciación del papel moneda), el Código Civil la admitía "en el caso que el vendedor haya sido lesionado en más de siete dozavos en el precio del inmueble" (art. 1674). Remitiéndose a una noción de "justo precio" (establecido por expertos), se admitía la rescisión de la venta (en un plazo limitado de 2 años), pero solo para los vendedores de inmuebles, supuestamente constreñidos por la necesidad del mercado. Si bien en principio se había dado libertad en el negocio de los muebles, estas disposiciones del Código Civil anunciaban la voluntad (puesta en práctica en 1807 con el Código de Comercio) de "incorporar al comercio en el seno de la probidad".

B) Del arrendamiento y sus diferentes aspectos.

"El contrato de arrendamiento siguió inmediatamente al de la venta" (Galli). Obedecía, por tanto, a "reglas generales" (atribuidas al derecho romano) similares a las de la compraventa: el solo consentimiento en la cosa arrendada y el precio perfeccionaban el arrendamiento, que podía ser celebrado por escrito o verbalmente (art. 1714). Sin embargo, algunos artículos, aplicables a todo arrendamiento de cosas, son contrarios a la tradición romana, especialmente respecto al plazo de desahucio (regulado por la costumbre del lugar, a falta de cláusula escrita, art. 1736), la permanencia del arrendatario en caso de venta de la cosa arrendada (salvo cláusula contraria en el contrato de arrendamiento, art. 1743) o la imposibilidad del arrendador de invocar la intención de ocupar él mismo el inmueble arrendado para resolver el arrendamiento (salvo convención contraria, art. 1761).

El arrendamiento de cosas fue diversificado, según se tratara de casas, muebles o heredades rurales. Bajo la expresión genérica de "arrendamiento agrario", el Código Civil trataba, a la vez, el arrendamiento agrícola propiamente tal y la aparcería a la parte o aparcería con frutos compartidos (en este caso, el artículo 1763 prohibía el subarrendamiento). Estos contratos podían concluirse por varios años o por uno solo (siguiendo las presunciones del artículo 1774, a falta de disposición escrita) y cesaban, en principio, al vencimiento del plazo establecido (art. 1775). Se le imponían graves obligaciones al aparcero de una heredad rural, quien debía cultivarla como "buen padre de familia" (art. 1766) y facilitar el ingreso del colono que lo sucediera en el cultivo (art. 1777). Asimismo, los artículos 1800 y siguientes regulaban la aparcería pecuaria a favor del propietario.

El arrendamiento de obras y servicios comprendía también diferentes variantes. El arrendamiento de los domésticos y obreros solo era válida si era por tiempo u obra determinados (art. 1780), por respeto al "principio de la libertad individual" (Mouricault). En caso de desacuerdo respecto del salario o de su pago (art. 1781), "el patrón será creído en su afirmación", pues merecía "mayor confianza" (Treilhard). Los "transportistas por tierra y agua" estaban sujetos a obligaciones especiales en la guarda y conservación de las cosas. Los "contratistas de obras a suma alzada" podían ser obreros que trabajaban una materia proporcionada por el patrón. Contrariamente al derecho romano, el artículo 1790 negaba cualquier salario al obrero cuando la cosa proporcionada por el patrón perecía por caso fortuito, bajo el pretexto que el obrero debía asumir la pérdida de su trabajo, del cual el obrero era "propietario" (Mouricault). En provecho de los propietarios del suelo, el artículo 1792 imponía una responsabilidad decenal a los arquitectos y contratistas y el artículo 1793 impedía cualquier aumento unilateral de los precios. La garantía de la propiedad predominaba una vez más en el arrendamiento sobre la remuneración de la mano de obra.

C) De los contratos onerosos.

La sociedad era un contrato oneroso por naturaleza, ya que consistía en la puesta en común de bienes o de una industria (pero no de un simple crédito) con la intención, "el propósito intencional", de compartir los beneficios (art. 1832). Las disposiciones del Código Civil sobre las sociedades, a pesar de su carácter general, no fueron concebidas para las sociedades de comercio, que debían ser objeto, en la codificación posterior, de reglas particulares (art. 1873). Apartándose del modelo comunitario de las sociedades tácitas del antiguo derecho (la escrituración era necesaria a título de prueba), los codificadores imaginaron a la sociedad civil como una asociación temporal formada para comprar, arrendar, una empresa en común o "cualquier especie de negocio" (Treilhard). Las sociedades universales[4] eran miradas con cierta desconfianza: no podían comprender bienes futuros por temor a las donaciones encubiertas (art. 1836). No se consideraba a la sociedad como una reunión de capitales, sino que como una asociación de personas fundada en la "confianza mutua". El Código Civil guardaba silencio acerca de la noción de persona moral — incluso si algunos, como el tribuno Gillet, hablaron de un "ser colectivo" — y en principio, la sociedad terminaba con la muerte (salvo estipulación contraria, art. 1868) o en caso que renunciara (art. 1869) uno de los socios.

Al confirmar la licitud del préstamo con interés (consagrado por la Asamblea constituyente contrariando a la tradición canónica), el Código Civil

4 N. del T.: sociedades de todos los bienes presentes y futuros.

abría igualmente un amplio campo de especulación para los detentadores de capitales. Gozando nuevamente de la estabilidad monetaria (el artículo 1895 se basaba en el principio nominalista), los codificadores no rompieron totalmente con las tradiciones de la economía dirigida y el fantasma de los "excesos" de la usura: el artículo 1907 encargaba al Gobierno la proposición de un interés legal variable de acuerdo a la actividad comercial y la prohibición eventual de los intereses que se estimaran excesivos.

La misma desconfianza hacia "un vil espíritu de comercio" inspiró los breves desarrollos dedicados a los contratos aleatorios. Las deudas por juegos no podían perseguirse judicialmente. Respecto a los seguros, el Código Civil se limitaba a remitirse a las leyes marítimas (art. 1964), mientras que Portalis había expresado a título personal su hostilidad hacia los seguros de vida, al no poder devenir la muerte de un hombre, según él, "la materia de una especulación mercantil".

D) De los contratos de naturaleza gratuita.

En oposición a los contratos onerosos, el Código Civil declaró a varios contratos especiales gratuitos en su esencia. Se trataba, en primer lugar, del depósito (art. 1917), que se subdividía en depósito voluntario, depósito necesario (efectuado en caso de incendio, pillaje y naufragio o ante posadero u hotelero) y depósito secuestre de una cosa litigiosa. A través de reglas provenientes en gran medida del derecho romano, los codificadores quisieron no solo imponer una "severa probidad" (que caracterizaba "al hombre de bien") a los depositarios, sino que asegurar el orden público. La grave responsabilidad de los posaderos y hoteleros (art. 1952) pretendía prevenir los hurtos y asegurar la prosperidad de los profesionales de confianza.

El mandato era también, por su naturaleza, un contrato gratuito, un "oficio de la amistad" (art. 1986). Marcado por el "hermoso carácter del desinterés y la generosidad" (Tarrible), el mandato no escapaba por ello a las necesidades de los negocios. La posibilidad de ser mandataria que se ofrecía a la mujer casada, en principio incapaz de contratar, debía facilitar la gestión del hogar, a lo menos en caso de ausencia del marido. Se permitía, además, estipular una indemnización en provecho del mandatario, quien debía por su parte dar cuenta de su gestión. Por más que el tribuno Bertrand de Greuille afirmaba que era "el corazón y no el dinero" el que debía liberar del reconocimiento de la deuda, la técnica del mandato podía utilizarse para actividades de naturaleza salariada.

El préstamo de uso o comodato (art. 1876), así como el préstamo de consumo sin estipulación de intereses, igualmente fueron presentaron como actos "de generosidad, amistad o de beneficencia" (Bouteville). Pero aquí también la función de la ley era la de recordar al prestamista sus deberes de "buen padre de familia" y de velar por el respeto de la propiedad. Las necesidades, y por ende el interés recíproco, se encontraban en la base de todos los contratos especiales.

III. De las garantías y resguardos de los propietarios.

Si bien la ejecución de todos los contratos se fundaba en la confianza mutua, los redactores del Código Civil no escondieron una visión pesimista frente a la escasez de estos tesoros humanos de buena fe. Los créditos, y a través de ellos la propiedad de los acreedores, necesitaban "precauciones" más sólidas. Para las transacciones civiles (a la inversa de los asuntos comerciales) los codificadores pensaban que la solvencia se medía por el rasero de las propiedades, y sobre todo de los bienes raíces. El deudor se obligaba "sobre todos sus bienes mobiliarios e inmobiliarios, presentes y futuros" (art. 2092). Según el tribuno Gary, "hay más seguridad en los bienes que en las personas". Esto explica que la fianza en sí misma se haya basado en garantías reales (A), las prendas se extendieran sobre toda clase de bienes (B) y que el sistema hipotecario haya sido objeto de apasionadas discusiones (C).

A) De la fianza y la circulación de los capitales.

La fianza constituía, en el orden que siguió el Código Civil, la primera de las garantías, en la medida que su uso parecía fácil, útil y estaba diversificado. Podía presentarse como una liberalidad (incluso sin conocimiento del deudor, art. 2014), el socorro de un "buen padre" o de un "buen vecino" a una "familia infeliz", o como un medio de facilitar la "circulación de capitales" y los "progresos de la industria". Así, la estipulaciones podían ser más o menos duras para el fiador: en general, tenía la facultad de invocar el "beneficio de excusión" (art. 2021) y el "beneficio de división" (art. 2026), pero podía renunciar a ellos y pasar a ser deudor solidario.

Esta garantía personal estaba estrechamente ligada, en el Código Civil, a las garantías reales. El fiador que invocaba el beneficio de excusión debía indicar al acreedor los bienes del deudor que, dentro del ámbito de competencia de la Corte de Apelaciones, podía embargar para el cumplimiento de su obligación y debía anticipar los costos de la excusión. Salvo en materia comercial o en caso que la deuda fuera módica, la solvencia del fiador debía estar garantizada "por propiedades inmuebles y libres" (art. 2019). Por tanto, la fianza no se diferenciaba en gran medida de la prenda.

B) De la prenda.

Bajo este término genérico, el Código Civil designaba al mismo tiempo la *prenda* de cosas muebles y la *anticresis* para los inmuebles. En ambos casos, al acreedor se le confería la posesión de una cosa de propiedad del deudor. Las reglas relativas a la prenda no se aplicaban en materia comercial, ni a las casas de empeño (art. 2084). A falta de pago de la deuda, el acreedor no podía apropiarse de la prenda. Debía acudir a la justicia para que expertos determinaran el valor estimativo de la prenda o para que fuera vendida en pública subasta (art. 2078). El acreedor pignoraticio se pagaba siempre de la prenda con preferencia a los demás acreedores.

No solo la prenda podía recaer sobre muebles incorporales (como los créditos, art. 2075), sino que finalmente los redactores del Código Civil admitieron la validez de la anticresis, que daba derecho al acreedor sobre los frutos del inmueble. Así, las posibilidades de prenda se multiplicaron, sin que fuera cuestionada la importancia de las hipotecas: en la anticresis, el acreedor no tenía derecho de preferencia respecto de los acreedores hipotecarios.

C) Del sistema hipotecario.

Mientras que la determinación de los privilegios sobre los muebles (especialmente a favor de las costas judiciales, de los gastos funerarios o los que originaba el vendedor al que debía constituirse en mora) y los inmuebles no suscitó ninguna discusión al redactarse el Código Civil, la elección de un sistema hipotecario, en cambio, fue objeto de un intenso debate. La comisión gubernamental pretendía volver al derecho del Antiguo Régimen, proponiendo establecer hipotecas generales sin obligación de inscripción y exigiendo medidas de publicidad solamente en el caso de purga de las hipotecas. Por el contrario, la sección de legislación del Consejo de Estado se inclinaba en una leve mayoría por mantener las reglas de especialidad y publicidad instauradas por la ley del 11 brumario año VII (1° noviembre de 1798). Treilhard había defendido esta ley ante Bigot de Préameneu y Tronchet, quienes abogaban por la privacidad de los asuntos familiares. Cambacérès y Portalis (quien estaba a favor de las reglas del derecho romano y por lo tanto se oponía a la publicidad) se habían esforzado por encontrar una solución intermedia, que encontró el apoyo decisivo de Bonaparte, en la medida que limitaba las hipotecas legales a favor de las personas incapaces de transcribirlas.

Las *hipotecas convencionales,* constituidas por instrumento público (pero no mediante cualquier acto notarial, art. 2127) eran especiales (art. 1129) y eran oponibles a los demás acreedores solamente a partir del día de su inscripción en el registro del conservador de las hipotecas (art. 2134). De esta manera, la medida de publicidad se requería "con el objeto de que no se pudiera engañar constantemente a los ciudadanos otorgándoles como garantía un inmueble cien veces consumido por deudas anteriores" (Treilhard). Las *hipotecas judiciales,* resultantes de una sentencia condenatoria, eran susceptibles de ejercerse sobre los inmuebles actuales o futuros del deudor y también debían "adquirir publicidad mediante la inscripción".

Algo distinto ocurría con las *hipotecas legales* a favor de las mujeres casadas (sobre los inmuebles de sus maridos en virtud de convenciones matrimoniales), los menores y los interdictos (sobre los inmuebles de los tutores para garantizar su gestión). No solamente se trataba de hipotecas generales (a menos que mediante un contrato de matrimonio o decisión del consejo de familia se hubieren especializado, art. 2140-2141), sino que además existían "independientemente de toda inscripción" (art. 2135). La falta de inscripción no podía perjudicar a las mujeres casadas, los menores o a los interdictos. Sin embargo, los maridos y tutores estaban obligados a hacer públicas estas hipotecas (art. 2136) y no podían constituir hipotecas convencionales sin declarar las hipotecas legales que afectaban sus bienes.

La diferencia entre las hipotecas convencionales y las hipotecas legales se encontraba en el procedimiento de purga (art. 2181-2195). El adquiriente de un inmueble que pretendía purgar las hipotecas convencionales debía solicitar en el conservador de hipotecas (art. 2181) la inscripción de su contrato, lo que *a contrario sensu* demostraba que la inscripción no era obligatoria por regla general en las transacciones inmobiliarias. Los acreedores inscritos eran notificados y podían pagarse con el precio de la venta o pedir una segunda subasta del inmueble. Para las hipotecas legales, el adquirente debía hacer que su contrato se afichara en la sala de audiencias del tribunal civil durante dos meses para que las mujeres casadas, menores o interdictos hicieran valer sus derechos (art. 2194). Antes de la disolución del matrimonio, los derechos de la mujer se encontraban indeterminados por lo cual esta purga tenía el riesgo adicional de ser inútil.

Este sistema hipotecario, poco homogéneo, se justificó por la necesidad de una armonía entre el derecho de las garantías, de los bienes y de familia. La ausencia de publicidad de las hipotecas legales se presentó como una consecuencia de la incapacidad de las mujeres casadas, menores e interdictos. Se trataba de proteger a las personas débiles y a la vez de reforzar su incapacidad. El tribuno Lahary insistió, en su discurso de presentación del título sobre la expropiación forzada, en los vínculos que unían a todas estas instituciones. Para consagrar, una vez más y como siempre el derecho de propiedad, había que advertir al deudor: "Si quieres que tu propiedad sea inviolable, respeta la de los otros; sino el perjuicio que te gustaría causar recaerá sobre ti mismo; y serás justamente desposeído del bien que pensaste invadir". Al mismo tiempo, el procedimiento de expropiación forzada del deudor debía "velar por los intereses de la mujer casada y premunirla contra ella misma". La "debilidad" de la mujer, inherente a su "naturaleza", la necesidad de proteger de la ruina a la esposa (cuya prodigalidad se sospechaba sin dificultad) explicaba la disposición del artículo 2208, que la dispensaba de asistir al procedimiento de expropiación forzado. Así, la economía del nuevo sistema hipotecario pretendía conciliar todos los intereses y concordar el derecho de bienes y el de las personas.

Leer también

- Castaldo A., "L'histoire juridique de l'article 1781 du Code civil: le maitre est cru sur son affirmation", *Revue historique de droit français et étranger,* 1977,pp. 211-237.
- Gazzaninga J.-L., *Introduction historique au droit des obligations,* PUF, colección "Droit fundamental", 1992.
- Martin X., "L'individualisme liberal en France autour de 1800: essai de spectroscopie"; *Revue d'Histoire des Facultés de droit et de la science juridique,* 1987, n°4, pp. 87-144.
- Patault a.-M., *Introduction historique au droit des biens,* PUF, col. "Droit fundamental", 1989.
- Poughon J.-M., *Le Code civil,* PUF, col. "Que sais-je?", 1992.

Capítulo IV: Un siglo de lecturas del Código Civil (1804-1904).

Desde su promulgación e incluso antes de que estuviere completamente terminado, el Código Civil ha sido juzgado, calificado y analizado. Más allá de los comentarios técnicos aplicables a toda legislación vigente, la obra completa fue objeto de polémicas y debates acalorados hasta su centenario, en 1904. Criticado por unos (sección 1), defendido y sacralizado por otros (sección 2), el Código Civil ha sido leído e interpretado a su manera (y de forma contradictoria) por los juristas, economistas, filósofos y novelistas del siglo XIX.

Sección 1: Las críticas al Código Civil.

Los debates sobre la interpretación del Código Civil se iniciaron desde principios del siglo XIX por los adversarios de la codificación y del derecho revolucionario, fueran franceses o extranjeros (I). Luego las críticas, provenientes sobre todo de los medios reaccionarios o conservadores, se concentraron en las disposiciones de la codificación relativas a la familia (II). Finalmente, con el progreso de las ideas liberales, democráticas y socialistas, el Código Civil fue denunciado por su autoritarismo (III). Después de haber sido juzgado como excesivamente innovador y sinónimo de anarquismo, el Código Civil se consideró, al contrario, vetusto y excesivamente rígido respecto de las nuevas ideas.

I. Un Código demasiado revolucionario.

A los ojos de hombres apegados a la tradición y opuestos a la Revolución, el Código Civil representaba la síntesis jurídica de ideas falsas y peligrosas. Durante el Consulado y el Imperio, este tipo de críticas, que ponían en entredicho el régimen napoleónico, no pudo expresarse libremente en Francia ni en los países bajo influencia francesa. Esta corriente contraria a la codificación encontró a sus portavoces en la emigración, con Montlosier (A) y sobre todo en Alemania, donde el desarrollo del nacionalismo se originó a partir de la obra de Rehberg (B) y en las célebres declaraciones programáticas de Savigny (C).

A) Montlosier: una crítica anticipada del Código Civil.

En 1801, a pesar de que solo se conocía el proyecto de la comisión gubernamental y el *Discurso preliminar*, el conde de Montlosier (1755-1838) formuló su postura acerca de la codificación en un artículo publicado por el *Courrier de Londres* y en las *Observations sur le projet de Code civil*. Este antiguo miembro de la Asamblea constituyente, emigrado en Londres desde 1794, se expresaba a título personal en respuesta a la invitación a debatir públicamente abierta a todos quienes quisieran contribuir al servicio de la empresa de codificación. No obstante, Montlosier aparecía como un buen representante de las corrientes de ideas que se formaron en el ámbito de la emigración y sus críticas respecto del Código Civil anunciaban en ciertos casos a las de los ultra realistas de la Restauración o de la Escuela histórica de Savigny.

Montlosier tenía una buena opinión de los redactores del proyecto gubernamental y no desechaba íntegramente el Código Civil que se encontraba en formación. Estimaba que no se encontraban reunidas las condiciones ideales (las que corresponderían a las de la "restauración") para una codificación que en primer lugar debía tener como base el reestablecimiento de la *Familia* como institución fundamental. Le reprochaba a los codificadores una excesiva lealtad con las ideas de la revolución y con los "prejuicios filosóficos de los últimos tiempos de la monarquía", vehiculados por medio de salones cuyas costumbres consideraba detestables. Al mismo tiempo, esbozaba una teoría sobre la formación del derecho (comparado al lenguaje) a partir del movimiento natural de las cosas y las costumbres, que tendía a reducir considerablemente el rol de la ley.

Dentro del "amalgama" confuso de antiguo derecho y derecho revolucionario que según él constituía el Código Civil, Montlosier criticaba particularmente la concepción de la propiedad (que juzgaba demasiado peligrosa para el orden social en la medida en que aquella hacía referencia a las "necesidades" del hombre), la definición del matrimonio como contrato y sus consecuencias, la admisión del divorcio así como la intervención de la ley en el ámbito de la potestad paterna y la limitación al derecho de testar del padre de familia. Extendiendo el derecho de propiedad desde el jefe de familia hasta las personas bajo su dependencia, Montlosier no profundizaba en su denuncia sobre los "errores" cometidos por los codificadores, no obstante la mayoría de sus ideas fueron retomadas posteriormente por la crítica conservadora del Código Civil.

B) Rehberg y el despertar de los pueblos contra el Código Civil.

August Wilhelm Rehberg (1757-1836) era un pensador y hombre político de Hannover, quien se había dado a conocer a partir de 1793 por su obstinada oposición a las ideas de la Revolución francesa. Este teórico contrarrevolucionario se sublevaba, como Burke, contra el espíritu de sistema de los revolucionarios, conducente a una forzada igualdad de todos los hombres. En 1814 publicó una obra sobre el Código Napoleón y la introducción de este en Alemania *(Uber den Code Napoleon und dessen Einführung in Deutschland)*, en donde combate la aplicación en tierra alemana de un Código extranjero alimentado de principios racionalistas de los "reformadores del género humano". A las concepciones jusnaturalistas, oponía la idea de un derecho que en primer lugar era consuetudinario, transmitido de generación en generación y paulatinamente modificado.

A pesar de reconocer que Bonaparte y sus juristas habían moderado adecuadamente los excesos revolucionarios, Rehberg le reprochaba al Código Civil una concepción "monstruosa" de la muerte civil (orientada contra los emigrados), la reducción del matrimonio a un simple contrato civil, el debilitamiento de la potestad paterna así como la prohibición de investigación de la paternidad y las contradicciones del régimen sucesorio y del sistema hipotecario. Si bien el objetivo de su demostración era alejar de Alemania al Código Napoleón, Rehberg presentaba una lectura crítica de este que se encuentra presente en autores austríacos (Zeiller, el codificador del ABGB) o italianos (Negri en 1815) de la misma época.

C) Savigny o la teoría de la anticodificación.

En 1814, Friedrich-Carl von Savigny (1779-1861) era un civilista y profesor (desde 1810, en la Universidad de Berlín) reputado de derecho romano. Conociendo la obra de Rehberg y con ánimo de responder a su colega de Heidelberg —Thibaut—, quien abogaba por la redacción de un código alemán, Savigny publicó un ensayo "sobre la vocación de nuestro tiempo por la legislación y jurisprudencia" (*Vom Beruf unsrer Zeit für Gesetzgebung und Rechtswissenschaft*). Este célebre opúsculo era a la vez una declaración programática de su concepción histórica del derecho y una crítica de los tres códigos existentes en ese entonces, el Código Napoleón, el Código prusiano de 1794 y el Código austriaco de 1811.

Después de exponer sus ideas acerca del origen del derecho, cuya base se encontraba en la conciencia común del pueblo antes de desarrollarse como ciencia a manos de los juristas, Savigny consideraba que eran pocas las épocas favorables a la redacción de un buen código de leyes. La historia del derecho romano mostraba, desde su punto de vista, que la codificación solía ser sinónimo de decadencia del derecho y la Alemania de su tiempo no le parecía preparada para la elaboración de un Código Civil. Respecto al Código Napoleón, Savigny lo juzgaba severamente: lo veía como una obra política, producto de las ambiciones despóticas de Bonaparte, y de una ejecución técnica mediocre. El Código Civil era, según él, un trabajo hecho de prisa, por cierto preparado por verdaderos juristas (los cuatro miembros de la comisión gubernamental), pero arruinado por consejeros de Estado "diletantes" en derecho. Savigny identificaba varios errores cometidos por Portalis y Maleville en la interpretación del derecho romano y, aunque reconocía los méritos de Pothier, presentaba un retrato sombrío del estado de la ciencia jurídica francesa (que matizó posteriormente en la segunda edición de su obra).

Savigny criticaba, desde un punto de vista técnico y con argumentos más afilados que los de Rehberg, el esquema y las lagunas del Código Civil y la ausencia de definiciones y de principios generales claros sobre los derechos reales y las obligaciones. Tomaba el ejemplo de las nulidades en el matrimonio o en los contratos en general para demostrar la confusión de ideas en los codificadores franceses, las contradicciones entre los artículos del Código Napoleón y el amplio margen de arbitrariedad que se permitía a los jueces. Este ejemplo demostraba, según Savigny, la falta de una teoría de las fuentes del derecho en el Código Civil. Demasiado confiados en la omnisciencia de la ley, los redactores no pensaron en repertoriar y clasificar las fuentes subsidiarias llamadas a regir en caso de lagunas en el Código. Así, Savigny destacaba el alcance restringido de la noción de *derecho natural* en Francia y preveía una confusión jurisprudencial contraria a los objetivos de la codificación misma (cada corte de apelaciones podría revivir el antiguo derecho a su antojo, bajo el pretexto del recurso a la equidad o a la ley natural).

Difundidas en Francia desde la época de la Restauración, especialmente por la revista *La Thémis,* las concepciones historicistas de Savigny tuvieron más éxito que sus ataques al Código Civil. Si bien Jourdan, el fundador de *La Thémis,* consideraba que el Código Napoleón había sido demasiado apresurado en relación al establecimiento de la organización política, no ponía en entredicho la idea misma de codificación.

II. UN CÓDIGO DESTRUCTOR DE LA FAMILIA.

En Francia, las críticas al Código Civil fueron durante mucho tiempo el producto de los conservadores que consideraban a la familia, en tanto institución, como la base de la sociedad. Estos pensadores de la derecha contrarrevolucionaria y liberal veían en el Código Napoleón, antes que todo, la herencia de las concepciones individualistas de la Revolución y de la filosofía de las Luces. El divorcio, las limitaciones a la potestad paterna y el principio de igualdad en las sucesiones *ab intestato* les parecían amenazas peligrosas contra la integridad y estabilidad de las familias. Muy presentes entre los ultrarrealistas y los legitimistas de la primera mitad del siglo XIX (A), estas ideas fueron retomadas y desarrolladas hasta los años 1900 por los partidarios de la "reforma moral" o "social" (B).

A) La visión ultrarrealista y legitimista del Código Civil.

La ideología conservadora de la familia se formó en la contrarrevolución por oposición a las leyes revolucionarias, especialmente a la ley del 20 de septiembre de 1792 que instauró el divorcio. En los primeros decenios del siglo XIX, los realistas que se interesaron en el derecho de familia estaban un poco confundidos como para dar una opinión global sobre el Código Civil. Al publicar su obra *Du Divorce* (1801), el vizconde de Bonald (1754-1840), emigrado que había regresado clandestinamente a Francia durante el Directorio, se opuso tenazmente a la facultad de divorciarse, aunque constataba que las ideas de Portalis y Maleville al respecto no eran muy distintas de las suyas. Si bien reconocía que el proyecto de Código Civil que se encontraba en discusión en ese entonces pretendía reestablecer la potestad marital y paterna, Bonald juzgaba inaceptables (y contrarias a la intención de los redactores) a las disposiciones del Código Napoleón sobre el divorcio. Con la Restauración, todos los esfuerzos de Bonald y de los ultrarrealistas tendieron lógicamente a obtener la abolición del divorcio, lograda a través de la ley del 8 de mayo de 1816. En cambio, las proposiciones de algunos eclesiásticos, diputados y magistrados (como Chrestien de Poly) para suprimir el estado civil laico o reestablecer la exheredación no tuvieron efecto, ni siquiera entre las mayorías ultras de las asambleas de la Restauración.

A falta de una crítica sistemática del Código Civil por los teóricos de la derecha legitimista, el novelista Honoré de Balzac fue, dentro de esta corriente de pensamiento, el autor que se mostró más constante en sus juicios negativos respecto del Código Napoleón. En *Le curé de village* (1841), Balzac criticó los principios individualistas del Código Civil ("el libre arbitrio y la igualdad") que destruían "la familia de antaño". Incriminaba particularmente a la ley de herencias, "gran llaga de Francia", "pisón cuyo juego perpetuo disgrega el territorio". En *Le Contrat de mariage,* lamentó que el Código Civil hubiera "puesto a la mujer bajo tutela" y "considerado como un menor de edad". Estos ejemplos muestran el rol que en la crítica legitimista del Código Civil tenía la familia, particularmente en el ámbito del derecho sucesorio.

B) Continuidad y renovación de la crítica conservadora del Código Civil.

Aunque manteniéndose un elemento del *credo* de los legitimistas, el tema de la "defensa de la familia" contra el Código Civil resurgió durante la segunda mitad del siglo XIX a través de los estudios de Frédéric Le Play (1806-1882). A partir del Segundo Imperio —su gran obra, *La Réforme sociale en France,* apareció en 1864— este ingeniero y sociólogo denunció las reglas de división sucesoria "forzada", que según él eran únicamente producto de "las leyes del Terror". Incluso si según Le Play el Código Civil había "temperado" un poco este sistema, este se había mantenido "bajo inspiración de la triste doctrina que reconoce al Estado el derecho a destruir la familia". Así, le reprochaba al Código Civil no solo la modicidad de la porción de libre disposición y las reglas obligatorias de formación de las hijuelas en la partición, sino que también el debilitamiento del matrimonio (transformado en una competencia por las dotes) y la impunidad de los seductores (con la prohibición a la investigación de la paternidad del artículo 340). Estas críticas respecto de la codificación napoleónica, siempre fundadas en la oposición entre la sana tradición consuetudinaria y la "obra de destrucción" de la legislación revolucionaria, fueron retomadas y amplificadas en *L'Organisation du travail* (1870), especialmente a propósito del "desorden" de la seducción y en *L'Organisation de la famille* (1871), con la monografía de la familia Mélouga, modelo de *familia de origen).* Apoyándose en ejemplos concretos, Le Play se esforzaba por demostrar cómo el Código Civil arruinaba la pequeña propiedad y favorecía la disminución de la natalidad.

Las ideas de Le Play se difundieron ampliamente y fueron enérgicamente defendidas por sus discípulos a fines del siglo XIX y el siglo XX. Las diversas corrientes de la derecha recurrieron a ellas para demostrar la "decadencia" francesa (que se hizo patente con la derrota de 1870-1871), de la que sería responsable la Revolución francesa y el Código Civil. La influencia de Renan (1823-1892) —que había denunciado las tendencias excesivamente materialistas e individualistas del "Código de la Revolución" (*Essais de morale et de critique,* 1.ª ed., 1859), "hecho para un ciudadano ideal, nacido como hijo expósito y falleciendo célibe" *(Questions contemporaines,* 1.ª ed., 1868)— fortaleció esta visión conservadora del Código Civil, al que se consideró como una de las "raíces del mal". Puntualmente, las principales críticas de la codificación continuaron referidas al derecho sucesorio, la potestad paterna o a la prohibición de investigación de la paternidad (la "crueldad" del Código Civil era atacada por el abogado católico Charles Jacquier en 1874). Estas fueron sistematizadas en *La France et le Code Napoléon* (1894) del periodista J.-B.-V. Coquille. En esta obra, se acusaba al Código Civil de organizar la pobreza, transformar a los ciudadanos en "esclavos del Estado", favorecer el ingreso de extranjeros a Francia (y de dar rienda suelta a la usura en provecho de los judíos) y de aniquilar el derecho de propiedad del padre de familia. Los excesos de esta diatriba —antirrepublicana, xenófoba y antisemita— no deben ocultar el éxito que tuvieron algunos de los argumentos de la escuela de Le Play, incluso en la derecha liberal.

III. Un Código autoritario.

La denuncia sobre el carácter autoritario del Código Civil se desarrolló más tardíamente en el siglo xix, pero se originó en un amplio abanico de familias de pensamiento que proclamaban ideas de libertad o igualdad. Los liberales estaban preocupados sobre todo por los obstáculos al desarrollo económico (A). Si bien los republicanos que criticaban el Código Napoleón eran relativamente poco numerosos (B), los socialistas lo veían como un "código burgués" (C) y las feministas como un medio de opresión de la mujer (D).

A) Las preocupaciones de los liberales.

Los teóricos franceses del liberalismo se interesaron poco en el Código Civil en cuanto tal. El respeto aparente de la esfera privada y la atribución al padre de familia de un poder de vigilancia sobre los hijos mantenía tranquilos a varios, entre ellos a Benjamin Constant. En cuanto a Tocqueville, este se inquietaba sobre todo —en *De la démocratie en Amérique* (segunda parte, 1840)— de los principios "populares" y "democráticos" que regían los bienes y gobernaban a la familia en la legislación napoleónica. Como muchos de sus contemporáneos, este lamentaba las limitaciones a la libertad de disposición del padre de familia, halagando la facultad de testar ilimitada que ofrecía el ejemplo americano. Asimismo, en 1865 el economista liberal Courcelle-Seneuil criticaba las disposiciones del Código Civil sobre las legítimas. Este autor reducía al Código a una simple "transacción deliberada entre partidos cansados de luchar e incapaces de entenderse".

Autores liberales relativamente menos conocidos, que militaron por una revisión de la codificación, dirigieron críticas un poco más aceradas al Código Civil. Desde 1836-1837, Pellegrino Rossi (1787-1848) consideraba que el "cuerpo social" resentía "un cierto malestar" frente a los límites del Código Civil. La codificación, necesaria pero no libre de reproches en cuanto a su método o redacción, se revelaba sobre todo lacunaria: según Rossi, esta había descuidado los productos del capital industrial y del trabajo, subestimado la importancia de la fortuna mobiliaria y obstaculizado el desarrollo del crédito con las hipotecas ocultas o el arresto subsidiario. Apreciaciones similares (con ciertas diferencias, como el cuestionamiento del régimen dotal) aparecían en una memoria de Batbie (1865), que examinaba los artículos del Código Civil contrarios a los principios de la propiedad y de la libertad de contratación: "la economía política demostró que nuestro Código era demasiado reglamentario". De inspiración liberal, el *Essai sur la révision du Code civil* de Joubaire (1873) arremetía también contra disposiciones (por ejemplo, sobre el préstamo con interés) consideradas como limitativas de los derechos individuales. La actitud de los liberales frente al Código Civil consistió a menudo en moderar las críticas sobre el derecho de las personas, con el objeto de dirigir el ataque hacia el frente de la economía en contra de las reglas del derecho de los bienes y de las obligaciones, que beneficiaban demasiado al Estado.

B) La voz aislada de un militante republicano.

Émile Acollas (1826-1891) es un caso excepcional, tanto entre los juristas como en el medio republicano, por su tenaz oposición al Código Napoleón. No dio tregua en denunciar "una obra marcada desde su inicio por el sello de un nuevo golpe de estado contra la libre discusión" *(Nécessité de refondre l'ensemble de nos codes,* 1866). Las reglas del Código Civil sobre el matrimonio, la filiación, la potestad paterna, la propiedad y las sucesiones se encontraban según él en total desacuerdo con la idea democrática y el principio de la autonomía del individuo. Para Acollas, el Código Napoleón cometió una "injusticia formal" con las mujeres casadas, redujo al hijo natural al estado de "paria" y trató al hijo indisciplinado "como delincuente", limitó abusivamente los derechos del propietario en provecho de la administración o de los herederos legítimos y acumuló errores respecto de las obligaciones. Instrumento de gobierno de un "capitán vulgar", el Código Civil colocó a "la contrarrevolución en el corazón mismo de la sociedad civil" *(Manuel de droit civil,* 1869).

La vehemencia de Acollas, argumentada sólidamente, pudo ser compartida en algún momento por los militantes republicanos opositores al Segundo Imperio, pero no tuvo posteridad directa en la III República. Cercanas a las ideas liberales en algunos aspectos referentes a la propiedad y las sucesiones, las concepciones profundamente individualistas de Acollas no influenciaron de manera alguna las críticas socialistas o feministas al Código Civil.

C) El Código Civil tildado de "Código burgués".

En 1849, Marx escribía que el Código Napoleón era "la expresión legal" de la "sociedad burguesa", el resultado de un estado social destinado a desaparecer prontamente. Si bien la Revolución francesa había marcado, según él, la victoria "del derecho civil sobre los privilegios medievales", a partir de 1789 la propiedad se había consagrado como "el derecho del egoísmo". En Francia, durante mucho tiempo los teóricos socialistas —trátese de precursores como Saint-Simmon y Fourrier, de partidarios de la organización del trabajo como Louis Blanc o marxistas— prefirieron dirigir sus ataques en contra del sistema jurídico en su conjunto, acusado de someter a los trabajadores a través de un contrato injusto y de destruir la familia obrera. Sorprendentemente la calificación de "Código burgués" aparece tardíamente, de la pluma de un jurista liberal y conservador: Ernest Glasson (1839-1907), decano de la Facultad de derecho de París y autor de varios estudios sobre el Código Civil y los obreros desde 1886 a 1900. Asimismo, en 1898 el abogado belga Edmond Picard afirmaba que el Código Napoleón era "el Código del individualismo burgués y capitalista" *(L'Évolution historique du droit civil français)*.

Es en Maxime Leroy donde la crítica socialista del Código Civil encontró verdaderamente a su portavoz. En su tesis, *L'esprit de la législation napoléonienne* (1898), este consideraba que el Código Napoléon se había inspirado de ideas autoritarias, comprendía algunas disposiciones no muy liberales o contrarias al espíritu individualista del siglo XVIII y correspondía a una "organización capitalista y burguesa". La laguna del Código Civil en materia de trabajo no provenía, según Maxime Leroy, de una ignorancia de la industria y los obreros, sino que de una política deliberadamente injusta que aislaba al hombre de sus semejantes. Globalmente el Código Civil era considerado como una "obra transitoria" que no había traído la paz social. Las tesis de Maxime Leroy se desarrollaron, en 1904, en *El Code civil et le droit nouveau.* En esta obra, este autor se esmeró por destruir la "leyenda" del Código Civil, cuyo origen no sería sino el de los codificadores mismos, "quienes se elogian hiperbólicamente en su obra". Destinado antes que todo a regular la propiedad, el Código Civil era además "la ley del padre" y la "ley del marido". Como muchos otros socialistas, Maxime Leroy se negaba a separar el problema femenino del problema social.

D) El Código Civil en la mira de las feministas.

A medida en que se fue desarrollando y estructurando durante el siglo XIX, el movimiento feminista francés tomó partido contra las disposiciones del Código Civil sobre las mujeres y la familia en general. A partir de los años 1836-1838, la *Gazette des femmes,* uno de los primeros periódicos feministas, exigió la revisión de varios artículos del Código Civil (especialmente sobre la obligación de obediencia de la mujer casada y el régimen dotal) y acusó al Código Civil de haber disminuido, en relación al Antiguo Régimen, los derechos de las mujeres. En 1878, mientras las militantes reformistas comenzaban a organizar congresos y construir programas, Maria Deraismes afirmaba: "El Código, en lo que concierne a la mujer, no es más que una larga enumeración de las humillaciones y servidumbres a que está destinada a sufrir en todas las condiciones de la vida". Los hermanos Margueritte lo veían como: "el Código del hombre, escrito por el hombre y para el hombre". Hubertine Auclert, quien desde hacía tiempo interrumpía la lectura del Código Civil durante los matrimonios en las municipalidades parisinas, culminaba estos ataques al quemar un ejemplar del Código Napoleón al pie de la columna Vendóme con ocasión del centenario de 1904. Tal violencia simbólica, 90 años después de los enflamados escritos de Rehberg y Savigny, ilustra el arrebatamiento que aún ocasionaba un Código que había sido sacralizado por generaciones de ardientes defensores.

SECCIÓN 2: DEFENSA E INTERPRETACIÓN DEL CÓDIGO CIVIL.

Glorificado desde 1804 por la propaganda napoleónica y rebautizado en 1807 como *Código Napoleón,* el Código Civil era considerado entonces en palabras de Bigot de Préameneu como "una especie de arca santa" y había generado a su respecto un "respeto religioso". El fin del Imperio y la Restauración no obstaron al desarrollo de un verdadero culto a un Código que se había erigido a la categoría de "obra maestra" (I). La mayoría de los juristas franceses no solo se dedicó a defender de los ataques al Código Civil, sino que por el método denominado de la *exégesis* renovaron una y otra vez la interpretación de esta "Biblia jurídica" (II).

I. LA APOLOGÍA DE UNA OBRA MAESTRA.

Los defensores del Código Civil destacaron, de acuerdo a sus objetivos y temperamentos, las diferentes cualidades de forma o de fondo de la codificación. Elogiado por su estilo y claridad (A), el Código Napoleón fue también admirado como obra política y social (B) y frecuentemente celebrado por su espíritu, que se consideraba plenamente acorde a las concepciones morales y religiosas del siglo XIX (C).

A) Las cualidades formales y técnicas del Código Civil.

Las cualidades de redacción del Código Civil fueron inmediatamente consideradas dignas de elogio. A partir de 1808, el alemán Zachariae, profesor en Heidelberg, les atribuía gran importancia en la apreciación del Código Civil y era uno de los primeros en referirse a estas en su manual *(Handbuch des französischen Civil-rechts).* Estimaba que el Código Napoleón era "destacable en su conjunto" y, sin ocultar algunos reproches (esencialmente sobre las referencias a la legislación revolucionaria), hablaba de un "modelo de redacción". Implícitamente, Zachariae estaba de acuerdo con los codificadores franceses, quienes no habían pretendido una obra científica como los redactores del Código prusiano. En el mismo sentido, en Alemania Thibaut consideraba (en un manual publicado póstumamente en 1841, donde tomaba distanciaba de los alemanes que lisonjeaban el Código, preocupados ante todo de adular a Napoleón luego de Iena) que el Código Civil era un ejemplo de claridad y precisión y que además contenía muchas buenas ideas. Asimismo, fuera de Francia el Código Napoleón también fue alabado (sobre todo por su intención de ser lo más completo posible) por el teórico inglés de la "codificación", Jeremy Bentham (1748-1832) en sus obras de los años 1820.

En Francia, el estilo del Código Civil fue apreciado favorablemente por Stendhal, quien en 1840 escribía a Balzac: "Al componer *La Cartuja,* para encontrar el ritmo leía cada mañana dos o tres páginas del Código Civil". En cuanto a los juristas, estos no dudaron en alabar los méritos técnicos de una "obra inmortal" (Proudhon, 1809), su "luminosa simplicidad" (Troplong, *De la vente,* 1834) y sus cualidades de unicidad, método, precisión y claridad (Planiol). Incluso aquellos que detectaron defectos conceptuales en el esquema del Código Civil —especialmente Marcadé a propósito del derecho de las obligaciones, en los años 1840— hablaron de un "enorme y hermoso trabajo" o de un "sistema" (Lerminier).

B) El alcance político y social del Código Civil.

Los historiadores de la Revolución y del Imperio participaron ampliamente en la sacralización del Código Civil, mientras se desarrollaba la leyenda napoleónica en la primera mitad del siglo XIX. Así, en 1841 Mignet consideraba al Código Civil como "la ley más razonable, clara y justa que ningún país haya poseído jamás". Insistía particularmente en la fidelidad de los codificadores "al espíritu de la Revolución". Según él, el Código Napoleón dio libertad al trabajo, estableció la igualdad en las sucesiones, extendió y distribuyó mejor la propiedad. En 1844 Mignet repetía su admiración por un Código Civil "tan bien concebido, simplemente dividido, escrito tan claramente y que determinó con tanta liberalidad e inteligencia el estado de las personas": veía en aquél una "Carta imperecedera de los derechos civiles".

Ideas similares eran desarrolladas por Adolphe Thiers en su *Histoire du Consulat et de l'Empire* (1849). Este también tildaba al Código Civil de "obra inmortal", de "obra maestra de legislación" y de Código "del mundo moderno civilizado". Según Thiers el Código Napoleón era un "bello resumen del derecho francés, purgado de todo derecho feudal". Era imposible hacerlo de otra manera o mejor": Era además "la mejor forma del estado social" que podría ser llamada, escribió él, "el Código social": Thiers consideraba que las criticas presentadas al Tribunado eran "vanas y ridículas" y elogiaba, por el contrario, la "voluntad firme" y el "espíritu universal" de Bonaparte. Finalmente, consideraba que el Código Civil había encontrado un punto de equilibrio "entre las tendencias retrógradas y las tendencias locamente revolucionarias", conformándose con los "principios de la verdadera igualdad", es decir de la igualdad ante la ley.

En 1865 el historiador republicano Edgar Quinet estimaba que el Código Napoleón, aunque precedido del golpe de Estado del 18 brumario "monumento erigido a la fuerza contra el derecho", era de la misma "sustancia" y del mismo "espíritu" que el proyecto presentado a la Convención en 1793. Como lo había vaticinado en Santa-Elena, Napoleón había logrado pasar a la historia como un gran legislador cuyo Código Civil sería "la verdadera gloria". Incluso el historiador conservador Hippolyte Taine (1823-1893) admiraba la forma en que el hombre de Estado había garantizado a cada ciudadano un "dominio privado", un "recinto propio y reservado" *(Les origines de la France contemporaine,* obra concluida en 1892).

C) El valor moral del Código Civil.

Los comentadores del Código Civil afirmaron con bastante frecuencia que las disposiciones del Código Civil, en especial las relativas a la familia (teniendo en cuenta la abolición del divorcio después de 1816), no solo eran conformes a las buenas costumbres, sino que además estaban inspiradas por las más nobles ideas de moralidad. Se trataba, en primer lugar, de un argumento destinado a defender la codificación contra ciertos ataques. Así, Aubry y Rau se permitieron una infidelidad de traducción sobre el manual de Zachariae, del cual ellos extraían sus *Cours de droit civil français*[1] (t. VI, &566) al sostener que la prohibición de la investigación de la paternidad no había afectado la moral pública. En el mismo sentido, Demolombe justificaba el artículo 340 del Código Napoleón ("que más que nunca quizá exige el estado actual de la moral de nuestra sociedad") y estimaba la organización de la potestad paterna ("la constitución de la sociedad civil francesa", según él) conforme "a la moral de nuestra sociedad". Las opiniones de Toullier y Duranton eran similares en este aspecto tan controvertido del Código Civil.

En 1835 Lerminier (sin embargo admirador de Savigny) calificaba la filosofía del Código Civil de "espiritualista", negando la influencia de las ideas sensualistas y utilitaristas sobre la codificación *(Introduction générale à l'histoire du droit)*. Troplong fue el jurista que más lejos llegó en estas ideas, considerando que el Código Napoleón se aliaba "íntimamente con el cristianismo racional" *(De la vente,* 1834) y luego calificándolo de "espiritualista" y "cristiano" *(Du prèt,* 1845). Aquí se trataba una vez más de responder a los ataques dirigidos contra una "ley atea" o materialista. Del elogio se pasaba insensiblemente a la interpretación del Código Civil.

II. La interpretación de una Biblia jurídica.

De Maleville y Locré (desde 1805) a Troplong, Demolombe, Aubry y Rau (desde los años 1830 hasta el inicio de la III República), pasando por Proudhon, Toullier o Duranton (en el primer tercio del siglo XIX), se sucedieron análisis y comentarios del Código Civil. Destinados a estudiantes y practicantes del derecho, estos trabajos se esforzaban por explicar el Código Civil de manera *exegética,* procediendo la mayoría de las veces a un análisis literal de los artículos según el orden mismo de la codificación. Aunque pretendían esconderse tras el texto de la ley, estos autores no podían abstraerse de todo juicio personal, ni mantenerse indiferentes a la evolución de las ideas. En relación con las grandes corrientes de pensamiento del siglo XIX, puede distinguirse una interpretación liberal (A), una visión "democrática" (B) y, al momento del centenario de 1904, una lectura "nacional" (C) del Código Civil.

A) Una interpretación liberal paulatina.

A semejanza de los redactores del Código Civil, sus primeros comentadores utilizaron poco el calificativo de "liberal". Según Locré, el Código Napoleón marcaba "la época del regreso al orden, a las ideas sanas, a las ideas verdaderamente grandes, verdaderamente liberales". La lectura de este simple pasaje permite ver cómo en 1805 las "ideas liberales", destinadas a garantizar la libertad civil de los ciudadanos, no parecían oponerse en ese entonces a un vigoroso autoritarismo político y social. Del mismo modo, Toullier no explicaba en forma explícita (en la segunda edición de su *Droit civil,* de 1819) cómo se conciliaban la libertad individual (proclamada por la

1 N. del T.: "Cursos de Derecho Civil Francés".

Revolución y consagrada por la Carta de 1814) con las reglas del Código Civil. No obstante, este autor citaba a la propiedad entre "los derechos absolutos del hombre", indicando la vía por la cual un espíritu más liberal se abriría paso en la interpretación del Código Civil.

Mientras que Toullier consideraba todavía a la "propiedad permanente" como la "obra del derecho civil", los civilistas de los años 1830 y 1840 la veían más bien como un derecho natural y deducían a partir del artículo 544 del Código Civil la idea de la soberanía y libertad del propietario. A partir de 1839, fue en este sentido que Aubry y Rau utilizaron la teoría del *patrimonio* de Zacharire. Thiers y Troplong, temerosos por el contagio revolucionario en 1848, exaltaban el derecho de propiedad del Código Civil dejando en evidencia su filiación con Locke y los vínculos que unían a la propiedad, la libertad y el trabajo. Demolombe (opositor a cualquier restricción de los derechos del propietario en nombre del abuso del derecho) escribía en 1852, él también, que la propiedad individual del Código "es el trabajo, es la libertad misma".

Respecto al derecho de las obligaciones, los civilistas franceses (quienes, sin embargo, solo hablaron de *autonomía de la voluntad* al final del siglo XIX) consideraban que el Código Napoleón se fundaba en el poder de la voluntad individual, y daban como ejemplos a la formación del contrato, la transferencia *solo consensus* de la propiedad o la responsabilidad por culpa. Basándose en el Código Civil, Demolombe rechazaba la procedencia de cualquier tipo de lesión a propósito de los salarios, sosteniendo que "pertenec[ía] soberanamente" a la "libre voluntad" de las partes el decidir sobre las cláusulas del contrato. En su tratado *Des donations entre vifs et des testaments* (1855), Troplong escribía que el Código Civil "es un cimiento fundamental de nuestra libertad civil" y que había "hecho prevalecer las combinaciones más liberales" contra la "intervención usurpadora del Estado". De esta manera, el liberalismo penetró, casi insensiblemente, en la interpretación del Código Civil sobre los bienes y las obligaciones.

B) Una visión "democrática" del Código Civil.

La calificación del Código Civil como "democrático" obedeció, en primer lugar, a la manifestación de una inquietud frente a los progresos de la igualdad sucesoria: tal era en la estrategia de Tocqueville en 1840. En los albores de la revolución de febrero de 1848, Troplong desarrolló la tesis "del espíritu democrático en el Código Civil". En una memoria del Instituto, este célebre magistrado y civilista asimilaba democracia y reino del derecho natural fundado en la moral y en la equidad. Según él, el Código Civil (incluso si había sido concebido en una "época de regreso al orden") era la "obra de hombres de la Revolución", y llevaba "el sello de su origen democrático". La igualdad, según Troplong, estaba "escrita en todas sus páginas" y las disposiciones sobre la potestad marital y paterna, la tutela o la interdicción no hacían más que organizar las "desigualdades naturales y necesarias", protegiendo por medio de "ideas de humanidad" a los seres débiles (como las mujeres) sin abandonarlos a una autoridad despótica. Troplong no dudaba en escribir que "Todo se desarrolla sin enojo, sin formalidades, sin brillo. La libertad tiene sus salvaguardias y la potestad paterna una sanción con límites", a propósito de la encarcelación del hijo indisciplinado bajo la orden del padre de familia. Según Troplong, el divorcio era una "concesión a las clases altas y pervertidas" y las concepciones de los codificadores sobre el matrimonio eran, ellas también, conformes al puro espíritu democrático. Esta apología inflamada del Código Civil le debía mucho a las circunstancias y a las ideas personales de su autor, quien más tarde fue uno de los defensores más firmes de Napoleón III. Con todo, la misma voluntad de destacar los aspectos igualitarios del Código Civil se encuentra en otros intérpretes, como una suerte de reflejo en defensa de los ataques conservadores: en 1852, Demolombe hablaba del "Código democrático", que subdividía la propiedad de la tierra.

C) El Código Civil, un patrimonio nacional.

Desde el primer Imperio, el Código Civil se presentó como ejemplo a los países extranjeros y se integró a la conciencia colectiva del pueblo francés. Así, este orgullo nacional se expresaba en los ditirambos de Troplong o de Thiers o en las disertaciones históricas de Lerminier. El carácter "profundamente nacional" del Código Civil era exaltado particularmente al final del siglo XIX y a principios del siglo XX, a pesar que la publicación reciente del Código alemán (el BGB) arriesgaba hacer palidecer la estrella de la codificación napoleónica. Los nuevos manuales de derecho civil, de Planiol (1899) o de Colin y Capitant (1914), debutaban (lo que era nuevo) por una apreciación global del Código Civil que elogiaba su "espíritu de moderación y prudencia": Planiol lo veía antes que todo como una "ley de transacción", Colin y Capitant lo consideraban como "quizá el monumento más sorprendente que haya erigido la fecundidad creativa de la generación revolucionaria".

En 1904, el centenario del Código Civil fue la ocasión (a pesar que aumentaban las tensiones entre Francia y Alemania) para que se manifestara el apego de los juristas y de varios intelectuales a este patrimonio nacional "gloria del espíritu legista" (Lévy-Ullmann). El *Livre du Centenaire* fue introducido por Albert Sorel, quien justificaba esta celebración "patriótica" haciendo del Código Civil "un producto de terruño", que extraía "su sabia en la tierra francesa" y estaba destinado al "común de los franceses". "Libro de razón" de la nación francesa, este le habría garantizado la paz social. Esmein, Vigié y Saleilles insistían igualmente en la continuidad entre el "derecho del pasado" y el Código Civil. Saleilles (aunque hablaba de un "Código de la burguesía") elogiaba en particular la "flexibilidad" del Código Civil gracias a "un texto que se distiende y a fórmulas fácilmente adaptables". El camino estaba abierto para aquellos que en el siglo XX quisieren una evolución del derecho desde y más allá del Código Civil, pero sin una revisión general que hubiera significado abandonar un marco simbólico.

Leer también

- Bürge A., *Das französische Privatrecht im 19. Jahrhundert, Frankfurt am Main,* 2ª ed., 1995.
- Carbonnier J., "Le Code civil", en P. Nora (dir), *Les lieux de mémoire. La Nation,* París, Gallimard, 1986, t.II, p. 293-315.
- Halpérin J.-L., *Histoire du droit privé français depuis 1804,* París, PUF, 2ª ed., col. "Quadrige", 2001.
- *Le Code civil 1804-1904.* Libro del Centenario, París, 1904, reimpreso en 1992.
- Niort J.-F., *Homo civilis. Repères pour une histoire politique du Code civil,* tesis de ciencias políticas, París-I, 1995.

Capítulo V: La mirada de los historiadores

Desde los años 1960, las investigaciones históricas renovaron la aproximación al Código Civil. Sin duda, las grandes reformas emprendidas en materia de derecho de familia no son ajenas al resurgimiento del interés por la historia de la codificación. En su versión contemporánea, el Código Civil difiere notablemente del Código Napoleón de 1804, muchas de cuyas disposiciones solo competen a la ciencia histórica. A diferencia de los practicantes del derecho, quienes necesitaban aplicar e interpretar el Código Civil, los historiadores buscaron analizar sus fuentes de inspiración, fundamentos teóricos y alcance social. Así, la mirada de estos se concentró en la genealogía (sección 1), ideología (sección 2) y sociología (sección 3) del Código Civil.

Sección 1: La genealogía del Código Civil.

Los redactores del Código Napoleón no pretendían ocultar sus fuentes y con frecuencia indicaron las remisiones a la tradición jurídica antigua o reciente. Para Portalis, el Código no podía ser "absolutamente nuevo": debía necesariamente recoger "la valiosa herencia" del antiguo derecho y considerar la "experiencia del pasado". Asimismo, era imposible que esta obra de consolidación se mantuviera ajena al espíritu de las Luces y las transformaciones producidas durante la Revolución. Sin embargo, no se debe confiar a ojos cerrados de las declaraciones de los codificadores acerca de la supuesta transacción entre las costumbres y el derecho escrito, como del equilibrio entre el antiguo y nuevo derecho. Más allá de las filiaciones reivindicadas, a veces erróneamente, el intento por evaluar el peso de la tradición (I) y el valor de la modernidad (II) debe buscar pacientemente las pistas sobre sus orígenes.

I. El peso de la tradición.

Portalis no se avergonzaba al defender el Código Civil ante críticos que no veían en aquél más que una "refundición del derecho romano y de nuestras antiguas costumbres y máximas". Por el contrario, hostil a las "novedades en materia legislativa", tomaba la defensa tanto del derecho consuetudinario como del derecho romano. En particular, este discurso tenía como propósito tranquilizar a las poblaciones de los antiguos países de costumbres o de derecho escrito, que temían una ruptura demasiado brutal con sus hábitos ancestrales. En realidad, antes que intentar conciliar tradiciones de derecho consuetudinario y romano, muchas veces antagónicas, los codificadores adoptaron reglas de distintos orígenes de la doctrina de los siglos XVII y XVIII, que habían sido integradas a la noción de "derecho francés" (A) o reformuladas por el trabajo de interpretación de los romanistas (B).

A) La victoria del derecho francés.

A pesar de que en ciertas ocasiones aludían a las acusaciones de "barbarie", que durante el siglo XVIII se le reprocharon a las numerosas costumbres de Francia antigua, los redactores del Código Civil no dudaron en elogiar la "sabiduría" (Portalis) del derecho consuetudinario y su adaptación al "genio francés" (Treilhard). En materia de "potestad paterna", comunidad conyugal, clasificación de los bienes, servidumbres y sucesiones, el Código Civil retomó muchas disposiciones similares o comparables a aquellas que figuraban entre las costumbres redactadas oficialmente a partir del siglo XVI. Se adoptaron mayoritariamente aquellas que provenían de la costumbre de París (en su "nueva" redacción de 1580), pero también pueden encontrarse algunas disposiciones con influencias de otras costumbres. Así, en materia sucesoria la institución de la *fente* venía de ciertas costumbres del Oeste, a través de la ley revolucionaria del 17 nivoso del año II. De la misma manera, puede hablarse de subsistencia del "espíritu" de los países de costumbres (a condición de atenerse exclusivamente a las reglas relativas a los bienes plebeyos) en el principio de igualdad entre los hijos que preside las sucesiones legítimas en el Código Civil.

Más allá de lo que haya tomado del texto o espíritu de las costumbres, el Código Civil es heredero de una doctrina y una práctica que desde el siglo XVI hizo el esfuerzo por extraer un *derecho común consuetudinario* y posteriormente en elaborar un *derecho francés* que fue enseñado en las universidades a partir de 1679. Siguiendo el camino que Dumoulin había propuesto en los años 1530-1560, muchos juristas habían intentado inventariar los puntos comunes de las diversas costumbres, e integrar las lagunas de estas valiéndose de reglas provenientes de la costumbre de París, de la práctica de los tribunales o del derecho romano. Presentadas bajo la forma de máximas en los *Institutes coutumières* de Loysel (1607), algunas de estas reglas se encuentran casi palabra por palabra en el Código Civil (así, el artículo 516). Asimismo, el *Droit commun de la France* del jurista parisino Bourjon (1747) proporcionó material a los codificadores, quienes adoptaron de aquella obra la fórmula célebre del artículo 2279: "En materia de muebles, la posesión vale como título". La influencia de los profesores de derecho francés —entre los que figuraba en primer lugar Pothier, profesor en Orléans de 1749 a 1772— es aún más notable. En efecto, la obra de estos intentaba una síntesis entre el derecho consuetudinario, el derecho canónico aplicado en Francia (por ejemplo, sobre el matrimonio) y las ordenanzas reales en materia de derecho privado (como las del canciller Daguesseau). Todos estos elementos fueron muy utilizados por los redactores del Código Civil, quienes copiaron literalmente párrafos completos de Pothier. Además, encontraron en este una cierta concepción del derecho romano.

B) El tratamiento del derecho romano.

El derecho romano, criticado durante la Revolución (especialmente por Mirabeau), parecía volver al momento de redactarse el Código Civil. Portalis reprocha a "los autores que censuran el derecho romano con tanta amargura como ligereza" y "blasfeman lo que ignoran". Esto no le impide, como a muchos de sus contemporáneos, denigrar algunos aspectos de la legislación de los emperadores romanos o el "desorden de las compilaciones" de Justiniano. A pesar de ello, los codificadores repitieron a porfía que las "leyes del pueblo conquistador y legislador" (Treilhard) tenían el valor de "razón escrita", de "derecho común" (Galli) y expresaban "la equidad natural" en materia de obligaciones y contratos. Asimismo, el derecho romano se invocaba como fuente de inspiración de las reglas del Código Civil relativas a las sucesiones y a la propiedad. Maleville no dudaba al dar un origen romano al artículo 544.

Hoy en día, no hay lugar a dudas que el lugar privilegiado que se otorgó al derecho romano era solo aparente. Pueden identificarse sin dificultad varios ámbitos en los que el Código Civil se apartó del derecho romano: en materia de potestad paterna y de hipotecas, pero también en los contratos como en el de sociedad o arrendamiento. Además, los codificadores conocían el derecho romano principalmente a través de Domat y Pothier, quienes proseguían un trabajo de interpretación que, desde los glosadores de la Edad media, era llevado a cabo por generaciones de romanistas. Esto explica los numerosos contrasentidos históricos (algunos de los cuales ya habían sido identificados por Savigny) que cometieron los redactores del Código Civil al tratar el derecho romano. No solo las concesiones hechas a los antiguos países de derecho escrito fueron relativamente pocas, a parte del régimen dotal, sino que la codificación conllevó en Francia así como en el resto de Europa una ruptura formal con la tradición originaria del derecho romano. Bajo el ropaje romano, los codificadores solían defender las ideas "modernas" desarrolladas en el siglo XVII y XVIII.

II. EL LUGAR DE LA MODERNIDAD.

Si bien es difícil encontrar una real innovación tecnológica en el Código Civil, a tal punto este es un reflejo de los precedentes jurídicos, la codificación no puede reducirse a una mera ordenación del antiguo derecho. El Código Civil no es solo Pothier. Para comprender el Código Napoleón hay que evaluar el aporte de los teóricos del derecho natural (A), y considerar las complejas relaciones entre este y el derecho de la Revolución (B), a pesar de las omisiones o desmentidos de sus redactores.

A) El aporte del derecho natural moderno.

La influencia de teóricos del derecho natural moderno —desde Grotius (1589-1645) hasta Burlamaqui (1694-1748) y Wolff (1670-1754), pasando por Pufendorf, Locke o Leibniz— sobre el Código Civil no es fácil de evaluar. Los codificadores franceses, con excepción de Portalis (y en menor medida Tronchet o Berlier), no hicieron ninguna referencia a estos autores jusnaturalistas, extraños en Francia. Sin embargo, ellos eran tributarios de sus nuevas concepciones del derecho, como lo demostraron los trabajos de André-Jean Arnaud. El esquema del Código Civil es el reflejo de la reinterpretación de la división tripartita (personas-bienes-acciones) de las *Institutes* de Justiniano por los teóricos del derecho natural, en función de sus ideas individualistas y racionalistas: las personas se conciben como sujetos de derecho, la propiedad es el derecho subjetivo por excelencia y las obligaciones son los medios que se han puesto al servicio de los individuos para adquirir los bienes. Más allá de esta visión axiomática del derecho, los redactores del Código Civil retomaron de los teóricos del derecho natural principios tan fundamentales como la transferencia de la propiedad por el solo efecto del contrato o la obligación de reparar todo daño cometido con culpa. Si algunas de estas ideas pasaron a través del cedazo de Domat y Pothier, otras se sacaron directamente de los escritos de Grotius o Pufendorf.

Con todo, el Código Napoleón está lejos de ser solamente el producto de la Escuela del derecho natural moderno. La idea misma de "derecho natural", que durante la Revolución fue invocada con sentidos distintos y a veces contradictorios, suscita cierta suspicacia en el Consulado, como lo manifiesta el fracaso del libro preliminar propuesto por Portalis. Varios de los juristas que participaron en la redacción del Código Civil parecen tener un conocimiento limitado de las teorías jusnaturalistas y prefieren atenerse a las soluciones más prácticas de los autores franceses. Es impresionante el contraste con los redactores del proyecto de Código Frédéric o del Código prusiano de 1794, quienes estaban muy influenciados por Pufendorf o Wolff. Esto explicaría que el Código prusiano reconociera a las diferentes clases y las corporaciones (en la línea de pensamiento jusnaturalista alemana), mientras que el Código Napoleón estaba más influenciado por la concepción revolucionaria de la igualdad ante la ley.

B) El derecho de la Revolución, ¿un modelo a descartar o a imitar?

De acuerdo a las numerosas declaraciones de Portalis, los redactores del Código Civil habrían querido producir una profunda reacción —en el sentido literal de la palabra— en contra del derecho privado de la Revolución. Inspirada por un "odio al pasado", recurriendo a las "medidas más exageradas y violentas", lo único que había logrado la Revolución era "disolver" la sociedad. En oposición a estas "peligrosas novedades" y "falsos sistemas", el Código Civil marcaría el regreso a las ideas sanas, al orden y las buenas costumbres. La Revolución había facilitado el divorcio, el Código Napoleón lo volvía difícil y peligroso; la ley del 12 brumario año II había otorgado los mismos derechos sucesorios a los hijos naturales reconocidos y a los hijos legítimos, el Código Civil fijaba entre ellos una línea demarcatoria prácticamente infranqueable; la ley del 17 nivoso año II había limitado estrictamente la facultad de libre disposición al prohibir al padre de familia aventajar a algún hijo, mientras que las soluciones que se adoptaron en 1804 iban en sentido contrario...Pueden citarse todavía otros ejemplos (en materia de hipotecas y rescisión por lesión) en que los hombres del Consulado rechazaron el derecho revolucionario.

Sin embargo, en todo lo que se descarta subyace una referencia, y por ello, el Código Civil y el "modelo" del derecho revolucionario mantienen una relación compleja. En primer lugar, la definición misma del derecho privado revolucionario no es fácil: de 1789 a 1799 hubo, en este ámbito, algunas leyes dispersas (particularmente sobre el derecho de familia) e instituciones que quedaron al nivel principios o de proyectos (como la adopción), manteniéndose en vigencia una gran parte del antiguo derecho (la incapacidad de la mujer casada nunca fue abolida). La distinción de Portalis entre las "leyes revolucionarias" (calificadas de "hostiles, parciales y reversibles") y ciertas leyes votadas desde 1789 no es puramente retórica. Reaccionando violentamente contra los textos de los años 1792-1794, los codificadores solieron retomar ideas emitidas ante la Asamblea constituyente de 1789 a 1791. Luego, hay elementos de continuidad entre el Código Civil y los textos de la época revolucionaria. No obstante, instituciones originarias de la Revolución, como el divorcio o la adopción, se conservan modificadas e incluso desnaturalizadas en 1804. Reducidos a la porción congrua, los derechos sucesorios de los hijos naturales reconocidos no se desconocen como en el antiguo derecho. Puede incluso hablarse de fidelidad al modelo revolucionario en lo concerniente a la propiedad (Mirabeau ya calificaba al propietario de "dueño absoluto") y las obligaciones (si se piensa en la libertad de comercio y de mutuo con interés establecido por la Constituyente). La descendencia revolucionaria del Código Civil (que consta de un claro "viraje" después de Termidor) aparece todavía más nítidamente cuando se le compara con los tres proyectos presentados de 1793 a 1796 por Cambacérès. Con un esquema tripartito similar que confiere los mismos contornos al "derecho civil" (sin embargo, en los proyectos revolucionarios las sucesiones se vinculaban a los bienes), numerosas referencias a Pothier y definiciones de la propiedad, efecto de los contratos o de la responsabilidad delictual anunciadas en los artículo 544, 1143 y 1382 del Código Napoleón, los proyectos de Cambacérès (en particular el tercero) inspiraron en gran medida a los codificadores, algunos de los cuales habían participado en la elaboración de aquellos.

Por último, el Código Civil consagró ampliamente la concepción revolucionaria de la ley. "Madre común entre los ciudadanos" (Portalis), la ley debe a todos una "misma protección". A pesar de que trata en forma desigual al marido y mujer, a los padres e hijos, o (con menor énfasis) a los amos y dependientes, el Código está dirigido a un sujeto de derecho abstracto, sin considerar su pertenencia a un orden o grupo social, como lo hacía el Código prusiano en varias de sus disposiciones. Así, la técnica jurídica es indisociable de las concepciones ideológicas, las que plantean nuevos problemas a la hora de determinar los orígenes del Código.

Sección 2: La ideología del Código Civil.

Por mucho tiempo presentada como individualista y voluntarista, incluso liberal y espiritualista, la ideología del Código Civil ofrece hoy otro rostro a los historiadores. De los trabajos preparatorios emana una "atmósfera" autoritaria, en que predomina la preocupación por insertar al individuo en la sociedad (I). Los trabajos de Portalis así como los de los principales redactores del Código parten desde un análisis crítico de la Revolución en su intento por reconstituir el tejido social (II). Queda por determinar cuál fue el lugar que tuvo la ideología en una obra jurídica que estaba al servicio de los propósitos de Bonaparte (III).

I. LA ATMÓSFERA DURANTE LOS TRABAJOS PREPARATORIOS.

El análisis ideológico de las opiniones emitidas en el curso de los trabajos preparatorios del Código Civil, tal como aparece en la obra de Xavier Martin, revela cuánto pesaron los prejuicios antropológicos (A) y explica la elección de soluciones jurídicas que limitaban la libertad de los individuos (B).

A) Opiniones pesimistas acerca de la naturaleza humana.

Los redactores del Código Civil no pensaron al hombre como un ser naturalmente bueno y razonable. Para ellos, los hombres eran "naturalmente egoístas" (Abrial), presos de sus apetitos o pasiones y estaban guiados esencialmente por el interés o el temor, "principio de la sabiduría" (Portalis). Esta visión pesimista del hombre se basa en gran parte de ideas provenientes de la escuela *sensualista* de Condillac: el hombre es similar a una máquina motivada por la percepción pasiva de los *stimuli* exteriores. La voluntad y la razón no son bases lo suficientemente sólidas para fundar una moral o un derecho sobre la autonomía y la responsabilidad del individuo.

Los redactores del Código Civil estimaron que esta debilidad congénita de la especie humana era aún mayor en ciertas personas. No existía igualdad natural entre los hombres, quienes "no nacen iguales en estatura, fuerza, industria ni talentos" (Portalis). Los menores, y en mayor medida los jóvenes, sufrían de inmadurez. Las mujeres eran víctimas de cualidades y defectos vinculados a su sexo: más sensibles, eran asimismo proclives a una mayor prodigalidad cuando se abandonaban a sus "inclinaciones" o "inspiraciones" (Lahary).

Esta visión antropológica, compartida por muchos en la época del Consulado, tiene sus raíces en una tradición filosófica moderna que va de Hobbes a los ideólogos (como Cabanis) pasando por los pensadores sensualistas y materialistas (como Helvétius) del siglo XVIII. Probablemente, esta fue condicionada por el impacto revolucionario, especialmente por el trauma que generó el Terror. El estado de naturaleza se describe desde entonces como "un estado de barbarie y de estúpida ferocidad" (Saint-Aubin), lo que explica las manifestaciones de escepticismo, incluso de rechazo, respecto de las teorías jusnaturalistas fundadas en la sociabilidad natural del hombre.

B) Límites jurídicos para reconstruir la sociedad.

A partir de estos presupuestos antropológicos, los redactores del Código Civil asignaron al legislador el objetivo de someter a los individuos a límites útiles para la sociedad, una sociedad que había que reconstruir o poner en orden luego de "la tormenta que había desorientado a tal punto nuestras cabezas" (Albisson). "Ante el derecho, el individuo no es nada, la sociedad lo es todo", afirmaba Portalis. Más que pretender "regenerar" al hombre, los codificadores intentarían aprovechar sus falencias y utilizar la motivación de este en su interés, otorgando a veces la ilusión de libertad al individuo.

La familia fue concebida como uno de los mejores instrumentos de esta integración colectiva forzada. Para los codificadores, esta no podía fundarse únicamente o principalmente en el amor, el desinterés o el afecto. Era el interés lo que debía conducir a los hijos a respetar a sus padres (Favard), y asimismo debía ser la razón determinante que subyacía en la adopción, "apoyo" y "consuelo" para la vejez. El padre de familia debía poder "recompensar y castigar", pues el chantaje sucesorio era el aliado más seguro de la potestad paterna. Las donaciones revocables entre esposos y la división en partes iguales de los beneficios en la comunidad legal debían hacer a las esposas "más afectuosas" y más interesadas en la prosperidad de sus maridos. El hijo natural era tratado como un paria, pues escapaba de la estructura familiar.

La propiedad también era un medio de vincular al hombre con el orden social. Es por eso que los redactores del Código Civil la veían tanto como una creación de la sociedad civil como un derecho natural inherente al hombre. El individuo no era completamente libre para disponer de sus bienes, como lo muestra el ejemplo del pródigo. La libertad contractual estaba en sí misma limitada y la ley tenía por objeto obligar a una "voluntad ambulatoria" a respetar los compromisos, en oposición a toda idea de autonomía de la voluntad. Al gozar de una libertad que le había sido concedida, el propietario y padre de familia —quien "cre[ía] obedecer exclusivamente a su propia voluntad"— se encontraba en realidad sometido al interés común y al servicio del Estado.

II. Un ámbito de confrontación ideológica.

En medio del ambiente ideológico de los trabajos preparatorios, tuvieron un lugar especial los principales redactores del Código Civil, quienes a través de sus obras intentaron dar fundamentos teóricos a esta empresa legislativa. Por cierto, en primer lugar se encontraba Portalis, por su cultura y contactos con los movimientos intelectuales de su época (A). A pesar que los demás codificadores citaron ocasionalmente sus fuentes, algunas de sus opiniones confirman que la elaboración del Código Civil se encontraba en medio de una encrucijada de donde surgirían varias de las grandes ideologías del siglo XIX (B).

A) El eclecticismo de Portalis.

Si bien la influencia de Portalis en el Código Civil no debe exagerarse (era "opinión minoritaria" en varios aspectos), ni tampoco la coherencia de su pensamiento (que ondulaba según las circunstancias), la superioridad de su reflexión teórica respecto a los otros codificadores es evidente. Además de sus varios discursos (entre ellos el famoso *Discurso preliminar),* Portalis dejó una obra importante, *De l'usage et de l'abus de l'esprit philosophique durant le XVIII,* publicada póstumamente a partir de 1820. Este ensayo, redactado unos años antes de los trabajos preparatorios del Código y mientras que Portalis se encontraba en el exilio, da testimonio de las diversas influencias en un hombre que había leído mucho y que había tenido contactos con nuevas corrientes de pensamiento en Alemania. Portalis presenta en este ensayo un análisis de las causas de la Revolución, que critica en forma extremadamente negativa: ve en ella "una especie de guerra de todos contra todos" que removió "lo más vil y despreciable de las naciones" y multiplicó los "tribunales de sangre" a lo largo del período del gobierno revolucionario, más "terrible" que una invasión bárbara. El año 1789 marca, además, el triunfo de "falsas doctrinas", "consignadas en una declaración solemne conocida bajo el nombre de declaración de derechos". Para Portalis es, en efecto, el espíritu de sistema y el abuso de la filosofía lo que condujo a la Revolución. Insiste en el rol de los escritores y la Enciclopedia, así como en el nacimiento de la "opinión pública" concomitante al desarrollo de las malas costumbres. Reaccionando a estas falsas doctrinas —y especialmente para refutar a Rousseau— Portalis expone sus propias convicciones: no cree en un "estado absoluto de naturaleza" separado del estado de sociedad, que es un hecho y no un pacto, atribuye un lugar importante a la familia ("la primera y la más natural de las sociedades" escribe él...como Rousseau) otorgando al marido la dirección de la sociedad doméstica y limitando en el tiempo la potestad paterna, rechaza la idea de perfecta igualdad defendiendo la jerarquía de las profesiones y las fortunas. Para Portalis, lo esencial es el deber moral, que funda en los sentimientos y el instinto, negándose a adherir tanto a las teorías utilitaristas del *intérêt bien entendu*[1] como a la filosofía de la razón de Kant.

Contrarrevolucionario en varios aspectos, el pensamiento espiritualista de Portalis puede asimilarse al de Herder y Burke (dos autores que él apreciaba), e incluso al de Bonald o Montlosier (quienes eran aparentemente sus adversarios en un "falso combate" a propósito del Código Civil). Pero Portalis se inspiró también de Locke y Montesquieu, conoce y utiliza a Mandeville, Smith y Ferguson y no es por casualidad que su análisis de las causas de la Revolución fue retomado con creces por Tocqueville. Quien afirmaba que "se gobierna mal cuando se gobierna demasiado" no se distanciaba mucho del pensamiento liberal incipiente.

B) Entre contrarrevolución y liberalismo.

Portalis no fue el único codificador que recibió la doble influencia de autores contrarrevolucionarios y de los "padres" del liberalismo, en una época en que estas dos escuelas eran incipientes y no habían divergido completamente. Al momento de la redacción del Código Civil, el término y la noción misma de "liberalismo" no había sido todavía actualizada y existían relaciones intelectuales complejas entre autores desaparecidos como Adam Smith (fallecido en 1790) y Burke (fallecido en 1797) o contemporáneos como Bentham, Jean-Baptiste Say y Benjamín Constant. Esta situación particular explica que puedan encontrarse al mismo tiempo, en un jurista como Maleville, aspectos revolucionarios (a propósito del divorcio) y reflexiones de tono más

1 N. del T.: El énfasis es del autor.

"liberal" del tipo: "El mejor Gobierno es aquel que, sabiendo lograr su objeto por causas segundarias, pareciera gobernar lo menos posible".

Si bien es difícil determinar hasta qué punto los codificadores conocían los trabajos de Smith, Say (cuyo *Traité d'économie politique* aparece en 1803) o Bentham (cuyo *Traité de législation civile y pénale* se publica en París en 1802), llaman la atención la constatación de algunas analogías entre el pensamiento de estos autores y los razonamientos sostenidos por los redactores del Código Civil sobre la primacía de la utilidad o sobre la necesaria reconstitución del tejido social. Los hombres del Consulado y del Imperio no se equivocaban del todo cuando calificaban de "liberales" algunas de las ideas del Código Civil.

III. MÁS ALLÁ DE LA IDEOLOGÍA.

Las orientaciones ideológicas de los codificadores no son suficientes para explicar todas las disposiciones del Código Civil. Junto a las concepciones entonces dominantes sobre la naturaleza del hombre y la organización de la sociedad, debe tenerse en cuenta el rol creciente de un Estado napoleónico que cultivaba la ambigüedad (A) y la cultura tradicional de juristas, quienes transmitían un legado que se resistía a todas las formas de pensamiento (B).

A) ¿Un Estado sin ideología?

De numerosos rasgos dictatoriales, el régimen consular e imperial estuvo marcado por el "decaimiento de las ideologías", y Louis Bergeron había escrito que estaba "desprovisto de raíces, de principios y de legitimación". Napoleón Bonaparte intentó conciliar el fortalecimiento de su propio poder de aspectos cada vez más monárquico con el mantenimiento de las "conquistas sociales" de la Revolución, como lo manifiesta su juramento al momento del sacro en 1804. El derecho cumplía un rol particularmente ambivalente en esta construcción política, que conservaba una fachada constitucional, se basaba en el culto de la ley e incluso en la idea de igualdad, aunque limitaba las libertades públicas y creaba nuevas jerarquías o tratamientos diferenciados de las diversas categorías de ciudadanos.

Así, Bonaparte supo aprovecharse de un instrumento jurídico así como de las ideologías "en boga" durante el Consulado, para aumentar las prerrogativas del Estado, que es el que realmente salió ganando de la codificación. La visión autoritaria de la integración social así como la concesión "liberal" de una "magistratura" a los padres de familia se traducían finalmente en un beneficio para el Estado, que disponía de relevos útiles para imponer discretamente su autoridad. Las disposiciones del Código Civil se adaptaron perfectamente al mayor control del Estado, que durante 1800 a 1804 desarrolló el derecho consular o imperial, sobre el uso de ciertas propiedades (como las minas o pantanos) o sobre la utilización de ciertos contratos (como el mutuo con interés o el arrendamiento de servicios) que durante 1800 a 1804 desarrolló. El Código Civil, que disfrazaba esta posibilidad de dominación de la esfera privada, había podido sobrevivir en un régimen dirigista y al mismo tiempo acomodarse a un Estado más auténticamente liberal.

B) La pervivencia de una antigua cultura jurídica.

Redactado, como lo advertía Bentham, por juristas de la "vieja escuela" formados en el antiguo derecho, el Código Civil se nutrió de la cultura tradicional de gente de derecho. Este patrimonio intelectual, que había sido teñido de jansenismo por Domat y Pothier, vehiculaba toda una visión de las relaciones sociales, la justicia y el orden durante la codificación, por ejemplo, a propósito de las buenas costumbres o de la buena fe. Esta moral jurídica de siglos pasados, bastante pesimista y anti-racionalista, se mezcló sin llegar a confundirse con ideas en boga durante el Consulado. Postrevolucionario por sus inspiraciones inmediatas en materia de ideas políticas, el Código Civil se mantuvo durante mucho tiempo prerrevolucionario por sus fuentes doctrinales: este es uno de los factores adicionales que explican la riqueza y la famosa "flexibilidad" de su texto.

SECCIÓN 3: LA SOCIOLOGÍA DEL CÓDIGO CIVIL.

Interrogarse acerca de la sociología del Código Civil significa preguntarse sobre cuál es la visión que de la sociedad de su tiempo tenían los codificadores y cuáles pudieron ser los efectos de esta legislación en las evoluciones sociales del siglo XIX. Sin duda, la primacía de la propiedad en el Código Napoleón obedeció a la influencia de los notables, que caracteriza el período napoleónico y una gran parte del siglo XIX (I). Resulta más difícil, en una obra que no pretendía regular directamente o íntegramente las relaciones de negocios o de trabajo, apreciar el lugar que tuvo el comercio y la industria, así como la suerte que se reservó a los "proletarios" (II).

I. UN CÓDIGO A LA MEDIDA DE LOS NOTABLES.

Los historiadores son cada vez más recelosos a la hora de reducir el Código Napoleón a un Código "burgués", en la medida en que los contornos y el peso de la clase burguesa se mantienen todavía inciertos en 1804. El vocabulario de la época napoleónica utiliza con más naturalidad el término "notables", que agrupa a todos los propietarios —nobles o plebeyos, rurales o urbanos— destinados a cumplir un rol directivo en la sociedad en tanto que detentadores de la riqueza, contribuyentes y electores. Los codificadores efectivamente reconocieron el lugar eminente de los propietarios prediales (A) y se interrogaron acerca de la división de las propiedades (B).

A) El poder de los propietarios rústicos.

Los redactores del Código Civil exaltaron constantemente las ventajas económicas y sociales de la propiedad rústica. Para ellos, únicamente las "propiedades rústicas y libres" garantizaban una "solvencia constante" (Treilhard), una fortuna asentada y estable. Los propietarios, y aún más los notables que detentaban un capital imponible "[eran] los puntales más firmes de la seguridad y tranquilidad del Estado", según Bonaparte. El tribuno

Jaubert era aún más explícito cuando afirmaba: "Nuestro sistema político tiene como base en primer lugar a la propiedad rústica".

Siguiendo a los economistas franceses del siglo XVIII, los codificadores estaban persuadidos que la agricultura era la "que procura verdaderamente el alimento al género humano". La apropiación individual de las tierras y la "libertad del cultivador" les parecían los mejores estímulos para la producción agrícola: "podemos apoyarnos en la energía del interés personal para cuidar de la custodia por un buen cultivo" (Portalis). Prolongando el movimiento fisiocrático a favor de la libertad de los propietarios, el Código Civil consagraba la facultad de clausurar, fomentaba la desaparición del pastoreo libre y favorecía al arrendador en detrimento del colono o aparcero. La libertad en los arrendamientos rústicos no solo permitía las convenciones orales, de corta duración y fácilmente resciliables, sino que el legislador había establecido disposiciones expresas para garantizar a los propietarios la percepción de sus ingresos y resguardarlos (hasta con la posibilidad de arresto por falta de pago) contra "la infidelidad" de los colonos. El mantenimiento del colono en caso de venta del fundo estaba incluso justificado por el interés conjunto de la agricultura y del propietario en ver la tierra mejorada a través de la estabilidad del arrendamiento. El Código Civil iba deliberadamente en el sentido del reforzamiento del "capitalismo" agrícola.

B) ¿Qué división de las fortunas?

Para los redactores del Código Civil, la desigualdad de las fortunas era inevitable y constituía, de cierta manera, uno de los motores más útiles de la mecánica social. "Estaríamos equivocados si temiéramos de los abusos de la riqueza y de las diferencias sociales que pudieren existir entre los hombres" decía Portalis para defender una propiedad distribuida en forma desigual. Al mismo tiempo, antiguos revolucionarios quienes presenciaban en 1804 el regreso de muchos emigrados y la reconstitución de la fortuna nobiliaria temían "el esplendor de las grandes familias", susceptibles de petrificar de generación en generación un considerable capital inmobiliario en provecho de una sola persona. La hostilidad hacia el derecho de primogenitura y a las sustituciones se alimentaba de este reflejo anti-aristocrático, que aún persiste en 1804.

Contrariamente a lo que sugieren las tesis de Le Play, los codificadores se interrogaron (como lo habían hecho sus predecesores de la Revolución) sobre los efectos económicos de las leyes sucesorias. Bonaparte estaba particularmente consciente de los riesgos de una "división demasiado grande" de las "fortunas módicas": imaginaba con tristeza "la alienación de la casa paterna", "punto central" de unión para la familia. Bigot de Préameneu, él también, alertó a sus colegas sobre una parcelación del suelo que conduciría a que "la pequeña herencia" se redujera a la nada. Los redactores del Código Civil (entre los cuales Berlier y Real habían destacado los efectos positivos de la división de las fortunas) pensaron haber encontrado una alternativa intermedia aumentando la porción de libre disposición y permitiendo la partición de la herencia realizada en vida por los ascendientes. No se les puede hacer responsables de un movimiento a favor de la igualdad en las herencias y del control de la natalidad, que se había iniciado antes de la redacción del Código Civil. Además, fueron relativamente pocos los padres de familia del siglo XIX que recurrieron a la porción de libre disposición para beneficiar a alguno de sus hijos: más que las disposiciones del Código Civil, fueron las decisiones de los Franceses las que provocaron la división del suelo.

II. UN CÓDIGO PARA CANALIZAR EL CAMBIO SOCIAL.

Los redactores del Código Civil no desconocieron la importancia de los cambios económicos que se habían producido durante el siglo XVIII y a principios del siglo XIX, incluso si no podían sospechar de la magnitud de la "revolución" industrial venidera. Los trabajos preparatorios suelen reflejar el desarrollo del comercio, que se había transformado en "la principal fuente de prosperidad pública" (Grenier). Lejos de estar dominada por los rentistas (como lo manifestaba la persistente hostilidad de Bonaparte hacia las rentas inmuebles no redimibles), la sociedad del Código Civil se basaba en gran parte en el trabajo y la industria en el sentido antiguo del término: la propiedad debía ser útil y el pródigo era mal mirado porque no era laborioso y ahorrativo. Al mismo tiempo, se percibe cierta angustia frente a las "especulaciones de un comercio cosmopolita" (Leroy) y a las posibles reivindicaciones de la "clase laboriosa". Así, los diseñadores de la nueva legislación civil procuraron conciliar diversos principios de utilidad social: favorecer y moralizar el comercio (A) y contener y enmarcar a "los proletarios" (B).

A) Favorecer y moralizar el comercio.

Contrariamente a una leyenda tenaz, los redactores del Código Civil no ignoraron el rol de la fortuna mobiliaria. Así, Treilhard reconocía (por cierto con un tono nostálgico) que la "fortuna mobiliaria de los ciudadano creció considerablemente" y que la tierra "no constituye quizá ni la mitad" del "patrimonio de los ciudadanos". Asimismo, Portalis consideraba que "las riquezas mobiliarias son producto del comercio" y que el pueblo que poseyera la mayor cantidad de efectos mobiliarios sería el más rico del mundo". La ausencia de un régimen especial de protección para los muebles en el Código Civil puede parecer, en estas condiciones, como el mejor medio para facilitar la competencia y la "circulación de capitales", uno de los temas recurrentes en los trabajos preparatorios. No se puede decir tampoco que los codificadores desconocieron la importancia de las sociedades o que ignoraron completamente la ideas de "persona moral" o de empresa (así, la transmisión del patrimonio de los fabricantes fue discutido a propósito de la adopción), incluso si el Código Civil no contiene disposiciones expresas sobre estas nociones.

Con todo, debe moderarse el lugar que se le otorgó al comercio. En primer lugar, la mayoría de las cuestiones comerciales se trataron superficialmente al preverse un futuro Código de Comercio (concluido en 1807 por otro "equipo" de codificadores). Luego, en varias oportunidades los redactores del Código Civil manifestaron su desconfianza acerca de ciertas actividades comerciales. La admisión de la acción de rescisión en las ventas de inmuebles se basaba en la voluntad de castigar "el deseo desmesurado de enriquecerse a expensas del otro". La posibilidad que tenía el Gobierno para limitar las tasas de interés estaba justificada por una distinción entre los "negociadores" o "manufactureros" (que necesitaban que el precio del dinero fuera poco elevado) y los "capitalistas" holgazanes, como expresaba Maleville. La hostilidad hacia los seguros de vida se presentaba como una manera de luchar contra "un vil espíritu de comercio". De esta manera, el recuerdo de los "especuladores" del Directorio y la condena moral de "la avidez insaciable de oro" fortalecían una tradición dirigista que se mantendría durante un buen tiempo.

B) Contener y enmarcar a los proletarios.

Sin duda, los redactores del Código Civil no previeron el crecimiento futuro de la cantidad de obreros, aun cuando eventualmente evocaran las "fábricas" y "manufacturas" (pero también los más modestos "talleres"). En cambio, estaban conscientes de la existencia de una "clase laboriosa" amplia en los campos y ciudades, compuesta por todos los que no eran propietarios y debían arrendar su trabajo o sus servicios a la "clase opulenta" (Mouricault y Jaubert). A estos campesinos, domésticos y obreros, había en primer lugar que proporcionarles un trabajo y un salario: tal es la razón de ser de todas las formas del arrendamiento y la justificación de un privilegio sobre los muebles en beneficio de las "gentes de servicio" (art. 2101, 4°). Los trabajos manuales se destinaban a los más pobres, como lo muestra el artículo 764, que orientaba hacia las "artes mecánicas" a los hijos adúlteros e incestuosos (mientras que jamás hacia las "artes liberales" ni a la propiedad intelectual). Asimismo, el régimen legal de comunidad conyugal se dirigía a quienes "[tenían] como riqueza únicamente a sus hijos y su trabajo" (Duveyrier), a aquellos "matrimonios pobres" en que la mujer trabaja "en las más rudas ocupaciones". Por último, para contener a esta población, quedaba algo del sueño revolucionario de que todos los franceses fueran propietarios: según Real, la división de las herencias era susceptible de "reducir la clase obrera".

Sin embargo, como se mencionó a propósito de los colonos, estas clases laboriosas sugerían rápidamente en los redactores del Código Civil la idea de clases peligrosas. Si convenía "consagrar nuevamente el principio de la libertad individual" a propósito del arrendamiento de domésticos y de obreros (amalgamados de manera sintomática bajo "las gentes de trabajo"), debía reconocérsele más confianza al "amo". Y si el artículo 1781 era prácticamente el único en el Código Civil que confesaba una concepción profundamente desigual de las relaciones sociales, era esencialmente porque la vigilancia de los obreros se consideraba como una materia de orden público, regulada por otros textos (como la ley del 12 de abril 1803). No es por ello menos cierto que el Código Napoleón, al suponer una sociedad de trabajadores sin haberles concedido un estatuto (a la inversa del Código prusiano con sus subdivisiones del "orden burgués") se mostraba, nuevamente, relativamente abierto a las futuras evoluciones sociales.

LEER TAMBIÉN

- Arnaud A.-J., *Les origines doctrinales du Code civil français,* París, LGDJ, 1969; y, del mismo autor, *Essai d'analyse structurale du Code civil français. La règle du jeu dans la paix bourgeoise,* París, LGDJ, 1973.
- Carbonnier J., "Le Code Napoléon en tant que phénomène sociologique", *Revue de la recherche juridique.* Droit prospectif, 1981, p. 327-336.
- Martin X., *Nature humaine et Révolution française,* Bouère, 1994.
- Niort J.-F., "Droit, économie et libéralisme dans l'esprit du Code Napoléon", *Archives de philosophie du droit,* 1992, p. 101-119.

Capítulo VI: El destino del Código Civil.

Abrazando el primer lugar entre los códigos napoleónicos, especialmente por su contenido y originalidad, el Código Civil también es excepcional por su longevidad y el alcance de su aplicación. En Francia, el marco formal del Código de 1804 así como la mayoría de los artículos (más de 1200 sobre los 2281 artículos primitivos) se han mantenido en su redacción original hasta nuestros días. A pesar del desarrollo de legislaciones concurrentes y jurisprudencias a veces centrífugas, el Código Civil —modificado, pero no reemplazado— continúa siendo una referencia esencial para el derecho privado (sección 1). Al mismo tiempo, por la fuerza de las armas o el espíritu de las leyes el Código Napoleón tuvo una gran influencia en el mundo. Así, fuera de Francia, el texto de 1804 tuvo otras vidas y conoció otras historias a través de adopciones, influencias y modificaciones en los siglos XIX y XX (sección 2).

Sección 1: Del Código Napoleón al Código Civil del siglo XXI.

A partir de 1807, fecha en que fue oficialmente designado como *"Code Napoléon"*, el Código Civil experimentó su primera modificación parcial. Así, se inició una larga serie de transformaciones, que a merced de los regímenes políticos sucesivos en Francia, condujeron al texto actual del Código Civil, en apariencia pronto para enfrentar el inicio del siglo XXI. En esta evolución, los años 1880 marcaron un viraje decisivo, con la llegada de mayorías republicanas y la aparición de nuevas generaciones de juristas menos apegados al carácter inmutable del Código de 1804. El año 1884 es un claro indicio de este cambio: el reestablecimiento del divorcio iniciaba paradójicamente un proceso de reforma del derecho de familia en dirección contraria de aquella que se había escogido en 1804, y la legislación de los sindicatos anunciaba el desarrollo de un derecho social bastante lejano de las concepciones del Consulado. Luego de 80 años de imperio casi absoluto (I), comienza un cuestionamiento cada vez más profundo del Código Civil. Con todo, esto no implica que aquél haya sido completamente superado, la evolución del derecho civil francés a finales del siglo XIX y durante el siglo XX obedeció en gran medida a la fórmula de Saleilles (profesor en 1884): "Más allá del Código Civil, por el Código Civil" (II).

I. 80 años de imperio casi absoluto.

Desde 1804 a 1884, el Código Civil fue escasamente alterado y gobernó de manera casi absoluta la totalidad del derecho privado francés. El "vals de las constituciones" no impidió que el Código Civil se mantuviera y los regímenes políticos que se sucedieron desde el Primer Imperio hasta la III República fueron muy prudentes en materia de legislación civil (A). El conservadurismo de los juristas, reclutados entre los notables, explica la actitud respetuosa de la doctrina (B) y jurisprudencia (C) hacia un texto que satisfacía a la burguesía ascendente. Los fenómenos de resistencia al Código Civil tienen un carácter limitado (D), lo que pareciera indicar, finalmente, el predominio de la unidad nacional por sobre las diversidades locales.

A) La moderación del legislador.

Aunque los redactores del Código Civil lo consideraban un "arca santa", estos no descartaban la posibilidad de modificarle algunos detalles. Es así como la ley del 3 de septiembre de 1807 reemplazó el título de *"Código Napoleón"* por el de *"Código Civil de los Franceses"* y emprendió algunas "rectificaciones" (Bigot de Préameneu) en materia sucesoria (art. 896), una vez establecidos los *mayorazgos*. Napoleón I no pretendía alterar más que eso la codificación. Más sorprendente es la actitud de Luis XVIII en 1814: a pesar que el rey consideraba que el Código estaba "manchado del nombre de Napoleón" (lo que conllevó a que se retomara el título de *"Código Civil"),* lo veía como una colección de "antiguas ordenanzas y costumbres de reino". Por ello, en la Carta prometió conservarlo, pero sin cerrar la posibilidad de adaptaciones legislativas, en particular en nombre de "dogmas religiosos". Poco después, la ley del 8 de mayo de 1816 derogó las disposiciones del Código Civil sobre el divorcio y luego la ley del 14 de julio de 1819 suprimió el artículo 912, que limitaba los derechos sucesorios de los extranjeros. Estas "amputaciones", defendidas por un antiguo codificador como Maleville, eran acordes a corrientes de opinión que ya eran poderosas durante el Consulado, pero fueron rechazadas proposiciones más "reaccionarias": el Parlamento descartó la idea de devolver al clero la teneduría del estado civil y, en 1826, la Cámara de los Pares rechazó un proyecto que tendía a favorecer una forma de derecho de primogenitura.

Si la monarquía de Julio se conformó con la modificación de dos artículos (164 y 896) del Código Civil, y la II República de seis otros (aboliendo los mayorazgos en 1849 y con reformas pormenorizadas acerca de la publicidad de los contratos de matrimonio o del acto denegatorio de la paternidad en 1850), el Segundo Imperio modificó aún más el Código, que había retomado el nombre de *"Napoleón"*. Los artículos relativos a la muerte civil, al arresto subsidiario por falta de pago y a las impugnaciones entre amos y domésticos (el injusto artículo 1781) fueron derogados en 1854, 1867 y 1868 respectivamente, mientras que la institución de la transcripción (ley del 23 de marzo de 1855) respondía parcialmente a las viejas críticas que apuntaban a la falta de publicidad inmueble en el Código Civil. Inspirados por cierto liberalismo económico y social, estas reformas conservaban intactos el derecho de familia y el régimen de propiedad.

B) La actitud cuidadosa de la doctrina.

Como desconfiaba de las interpretaciones que los juristas pudieran hacer de su Código, Napoleón hizo lo imposible porque la enseñanza del derecho fuera estrictamente controlada por el Estado. En virtud de la ley del 22 ventoso año XII (13 de marzo de 1804), las Escuelas de derecho (y posteriormente las *Facultades)* monopolizaron hasta 1875 la enseñanza del derecho francés, constituido esencialmente por el derecho civil, es decir, del Código. Los cursos de Código Napoleón, distribuidos en tres años de licenciatura en derecho, eran predominantes en un programa que estaba destinado a formar practicantes. Si a esto se le agrega que los métodos de enseñanza (fundados en el *dictado* de las lecciones) eran impuestos mediante instrucciones ministeriales y que los profesores estaban sujetos a un estricto control hasta el final del Segundo Imperio, se reunían todas las condiciones para que la doctrina (que cada vez más era de origen universitaria) respetara la letra, o al menos el espíritu del Código Civil.

Habiéndose decidido por una *exégesis* del Código Civil, la mayoría de los autores de los cursos, comentarios y tratados siguió el orden dado por la codificación artículo por artículo. Los efectos conjugados del culto a la ley y de la admiración por el Código Civil hicieron que a menudo estos juristas afirmaran que se sujetaban al derecho positivo. En realidad, no hubo Escuela de la Exégesis, en la medida en que cada autor usó su propio método, desarrollando en algunos casos teorías personales sin verdadero asidero en los textos legales. Pero no es por ello menos verdad que la mayoría de la doctrina civilista limitó su horizonte al Código Civil, morigerando sus críticas por conformismo intelectual o social.

C) La mesurada audacia de la jurisprudencia.

Durante el Primer Imperio, los tribunales también habían sido limitados a la estricta aplicación del Código Civil, mediante la obligación de motivar las sentencias de primera instancia y de tribunales superiores, la prohibición de dictar sentencias con alcance general (art. 5 CC), el control de la Corte de Casación y la institución de un recurso ante el jefe de Estado, en caso de conflicto en la interpretación de una ley (ley del 16 de septiembre de 1807). Este encuadramiento de la actividad jurisdiccional cedió un poco al aumentarse los poderes de la Corte de Casación (ley del 1º de abril de 1837), mientras tanto la utilidad de la jurisprudencia era cada vez más reconocida, impulsada por las ideas que Portalis había expresado en el *Discurso preliminar.*

A pesar que los tribunales solieron circunscribirse a una aplicación "mecánica" del Código Civil, con anterioridad a los años 1880 estos se tomaron algunas libertades respecto a la codificación. Los magistrados de principio del siglo XIX, nutridos más de antiguo derecho antes que de nueva doctrina (y recurriendo en raras ocasiones a los trabajos preparatorios del Código), citaban de buena gana los textos de derecho romano y de las costumbres junto a los del Código Civil. Estos tuvieron que explicar ciertos términos del Código Civil (como la *falta, la injuria* o *el error)* e integrar lagunas (así, a propósito de la posibilidad de adopción del hijo natural propio) o desarrollar interpretaciones que no se inferían necesariamente del texto de la ley (por ejemplo, sobre el mandato tácito de la mujer casada o la inalienabilidad de la dote mobiliaria). Al lado de estas jurisprudencias *praeter legem*, existieron decisiones que incluso eludían parcialmente ciertos principios del Código Civil (como la prohibición de investigación de la paternidad, atenuada por la admisión de acciones de responsabilidad civil contra el seductor) o que eran francamente *contra legem*. Al admitir la legitimación de los hijos incestuosos cuyos padres habían obtenido una dispensa de matrimonio, los tribunales (a partir de los años 1839), y luego la Corte de casación (en 1867) violaron, sin lugar a dudas, la letra del artículo 331 del Código Civil. Serían necesarias más investigaciones en los archivos judiciales (especialmente de los jueces de paz y de los tribunales de primera instancia) para determinar el alcance de estas decisiones, en apariencia audaces, pero que muchas veces se encontraban inspiradas en una fidelidad hacia el antiguo derecho. En resumidas cuentas, los "jueces y notables" del siglo XIX parecían poco propensos a un cuestionamiento de los fundamentos mismos del Código Civil.

D) Fenómenos locales de resistencia.

A falta de conocimiento suficiente acerca de la práctica en el siglo XIX, es aún más difícil determinar en qué medida la población francesa aplicó el Código Civil. Al responder a las aspiraciones de los notables, esta legislación no corría el riesgo de ser rechaza por los propietarios y los padres de familia acomodados. ¿Significa esto que el Código haya resultado letra muerta para los miembros de las clases populares, donde el elevado costo de los procesos los privaba muchas veces de los medios para hacer valer sus derechos? A pesar que las relaciones laborales escapaban en gran parte a las reglas (que ya eran bastante flexibles) del Código Civil, la vida en familia de los campesinos y obreros no estaba completamente al margen del derecho. El concubinato no era en sí un fenómeno obrero, en el campo seguían celebrándose contratos de matrimonio entre esposos poco afortunados y posteriormente, con la creación de la asistencia judicial (1851), se presentaron cada vez más demandas de separación judicial en los medios modestos.

Los fenómenos locales de ineficacia del Código Civil son más evidentes. A menudo se vinculan con áreas donde subsiste el Antiguo Régimen, ya que el antiguo derecho desaparece luego de un largo período de transición. Así, en varias regiones subsistieron, al margen del Código Civil, desmembramientos de la propiedad —resultantes de contratos que habían escapado a la abolición de la feudalidad como la *enfiteusis*, el *contrato de aparcería* o el *domaine congéable*[1]—. Mientras que esposos (en número decreciente) de una parte del Sur de Francia y de Normandía seguían fieles al sistema dotal, más al norte los contratos de matrimonio podían contener disposiciones inspiradas de las costumbres (sin poder referirse a ellas expresamente, según el artículo 1390

1 N. del T.: Contrato entre el propietario de la tierra, quien cede el goce de esta a cambio de una renta, a otra, a quien se considera dueño y propietario de los edificios y plantaciones preexistentes o producidas posteriormente en esta, cuyo valor debe ser indemnizado al término del contrato.

CC). Más allá de esta utilización legal de la libertad contractual reconocida por el Código, algunos propietarios recurrieron a prácticas fraudulentas para "hacer un primogénito" y eludir las reglas que limitaban la porción de libre disposición. La oposición entre varias jurisdicciones del Sur y la Corte de casación a propósito de la partición en vida hecha por los ascendientes da muestra de la existencia de ámbitos de resistencia al Código Civil.

II. Más allá del Código Civil, por el Código Civil.

A partir de los años 1880, el Código Civil (que *de facto* había perdido el nombre de *Código Napoleón* con la caída del Segundo Imperio) experimentó un número creciente de alteraciones. Las reformas legislativas al derecho civil se sucedieron dentro y fuera del Código Civil (A). La idea de una revisión de la codificación encontró cada vez más partidarios y, sin llegar a una sustitución del Código Civil, tuvo mucha influencia en las profundas modificaciones al libro I desde los años 1960 (B). Frente a la invasión de la jurisprudencia y la proliferación de nuevas ramas del derecho, cabe preguntarse acerca de lo que el Código Civil representa hoy. ¿Se reduce este texto a una compilación obsoleta (C), o continúa siendo el tronco común del derecho privado francés (D)?

A) De la reforma a la descodificación.

A primera vista, el reestablecimiento del divorcio por la ley del 27 de julio de 1884 parecía una vuelta a los orígenes del Código Civil, cerrándose el paréntesis abierto en 1816. Sin embargo, esta ley, que al negar cualquier divorcio por consentimiento mutuo se mantenía en el Código Civil, iba bastante más allá al suprimir la desigualdad civil entre marido y mujer en lo concerniente al adulterio. De esta manera, se desencadenaba un movimiento de reforma del derecho de familia que persistiría durante toda la III República a un ritmo lento y desordenado a la vez. La ley del 25 de marzo de 1896 sobre los derechos hereditarios de los hijos naturales, del 20 de junio de 1896 y 21 de junio de 1907 sobre el matrimonio, la ley del 16 de noviembre de 1912 sobre la investigación de la paternidad, la ley del 19 de junio de 1923 que permite la adopción de menores, el decreto-ley del 30 de octubre de 1935 sobre la corrección paterna y la ley del 18 de febrero de 1938 que eliminaba la potestad marital son las etapas principales de este proceso, que modificó los artículos esenciales del Código de 1804.

Rápidamente, algunas reformas importantes del derecho civil se produjeron más o menos explícitamente fuera del Código Civil. No se insertó en el Código Civil la ley del 24 de julio de 1889 sobre derogación de la potestad paterna (a causa de sus vínculos con el derecho penal) ni la ley del 13 de julio de 1907 sobre la libertad de disposición de las mujeres casadas sobre su salario (poco armónico con los regímenes matrimoniales entonces vigentes). La muy importante ley sobre accidentes del trabajo del 8 de abril de 1898 dio lugar a la modificación de un solo artículo del Código Civil (sobre los privilegios), mientras que el decreto-ley del 29 de julio de 1939 —que la práctica calificó de *Código de la Familia*, ¡todo un símbolo!— fue integrada solo parcialmente. Casi sin alterar las disposiciones del Código Civil sobre los bienes y los contratos, las reformas de la III República en materia de derecho rural, derecho del trabajo o de contratos especiales se impulsaron a través de legislaciones especiales. Una parte cada vez mayor del derecho privado se situaba a partir de entonces fuera del Código Civil, donde en cambio se multiplicaban los artículos vacíos (12 y 13, 17 a 21, 381, 773...).

B) ¿Revisar o refundir esta obra?

Frente a la multiplicación de nuevas leyes y los avances de la jurisprudencia (especialmente en el ámbito de la responsabilidad por el hecho de las cosas o del enriquecimiento sin causa), algunos juristas pensaron que al inicio del siglo XX, el Código de 1804 estaba obsoleto: "Ya no tenemos Código Civil" escribía Larnaude. Impulsada por la Sociedad de estudios legislativos creada en 1901, la cuestión de la *revisión* (término equívoco en esta materia) se abordó directamente al momento del centenario del Código Civil. Mientras que una parte de la doctrina se pronunciaba en contra de cualquier modificación global del Código, los "reformadores" se dividían entre partidarios de un simple retoque y defensores de un código totalmente nuevo. En diciembre de 1904 el Ministro de Justicia designó con este objeto a una vasta comisión extraparlamentaria de 61 miembros con hombres políticos, profesionales del derecho e incluso hombres de letras. A pesar de algunas sesiones de trabajo —una de las cuales propuso la igualdad de los cónyuges en el matrimonio con un deber de *amor,* en 1905— esta comisión no concluyó ningún proyecto concreto. El Parlamento siguió prefiriendo el conducto de las reformas parciales y disparatadas. La adopción de un comienzo de *Código del Trabajo* en 1910 (reducido a una compilación de textos existentes) manifestaba el fracaso de esta tentativa de revisión del Código Civil, que tenía demasiados adversarios en el mundo político y jurídico.

Con la Liberación, vuelve a la actualidad el tema de la revisión con la creación por el Gobierno de una comisión de reforma del Código Civil en junio de 1945. Compuesta de 12 miembros, todos juristas de profesión, esta comisión se encomendó al estudio de un proyecto tendiente a substituir al Código de 1804 por un texto completamente nuevo que tuviera en cuenta la evolución social. Esta comisión, presidida por Léon Julliot de La Morandière, elaboró primero (1953) un anteproyecto sobre el libro preliminar y el libro I (personas, familia), luego uno sobre las sucesiones (1962). Pero nuevamente ninguno de los textos fue sometido al Parlamento. Una vez transcurrido el entusiasmo renovador de la Liberación, los juristas se mostraron más que nunca divididos acerca la magnitud de los cambios deseables, en tanto que el personal político de la IV República tenía otras preocupaciones.

La actualización del Código Civil se efectuó principalmente a través de leyes redactadas gracias a la iniciativa del decano Carbonnier de 1964 a 1975. Relativas al derecho de familia (tutela, regímenes matrimoniales, adopción, mayores incapaces, patria potestad, filiación, divorcio), estas leyes modificaron títulos completos del Código Civil, conservando en la medida de lo posible el esquema y desarrollo de la numeración. Este método de injerto aspiraba a conciliar la permanencia del marco formal del Código con la transformación en profundidad de su contenido. Desde entonces, se aplicó en algunas materias del derecho de las obligaciones (como la sociedad en 1978) y en forma más irregular a las reformas más recientes del derecho de las personas (1985, 1987, 1993, 1994 por la ley relativa al respeto del cuerpo humano, 1996 para la adopción, 1999 para el Pacs[2], 2000 para la pensión alimenticia compensatoria, 2001 para la reforma del derecho de las sucesorio, 2002 para los apellidos, 2003 para la prohibición del clonaje reproductivo).

C) ¿Un marco superado?

La refundición acelerada del Código Civil durante estos últimos treinta años evitó un movimiento masivo de descodificación. ¿Pero detuvo esta el proceso de decadencia de un texto en su mayor parte inalterado desde 1804? La actualización (a un ritmo evidentemente acelerado desde 1985) de una pequeña mitad del Código Civil corre el riesgo de reducirlo a una compilación de textos heterogéneos en cuanto a su fecha, espíritu y alcance, yuxtapuestos en lugar de estar vinculados y ordenados como en 1804. Con sus excrecencias (los artículos 311 a 311-20 o 832 a 832-4), sus vacíos y sus partes casi muertas (sobre la aparcería pecuaria, por ejemplo), el Código Civil tiene a veces el aspecto de un monstruo. La novedad del Pacs, en relación a la tradición civilista que aún inspiraba las reformas precedentes, reactivó las polémicas acerca de la coherencia del Código.

Por otro lado, la legislación civil continuó desarrollándose fuera del Código Civil, como lo muestran los ejemplos de la ley del 10 de julio de 1965 sobre la copropiedad, la ley del 5 de julio de 1985 sobre la circulación o la gran cantidad de leyes sobre arrendamientos urbanos. Aún más, esta legislación proliferante dio nacimiento a nuevas codificaciones (o más bien compilaciones): Código Rural (1955), Código de Urbanismo (1973), Código de Seguros (1976), Código de la Construcción y de la Vivienda (1978), Código de la Propiedad Intelectual (1992), Código del Consumo (1993). Incluso fuera de los ámbitos del derecho económico y derecho del trabajo, el Código Civil ya no puede pretender, como en el siglo XIX, abarcar la casi-totalidad de la legislación civil.

Por último, con la expansión del bloque de constitucionalidad (y del reconocimiento en 1982 del "carácter fundamental del derecho de propiedad"), el desarrollo del derecho internacional (así, la Convención de Viena sobre la venta internacional de mercaderías o la Convención de Nueva York sobre los derechos del niño) y sobre todo comunitario (con el efecto directo de los tratados, reglamentos y ciertas directivas), el derecho civil actual emana en gran parte de fuentes no legislativas, sin considerar el rol cada vez más importante de los jueces en el proceso de creación del derecho.

2 N. del T.: Iniciales del "Pacto Civil de Solidaridad", institución introducida en 1999 en el Libro I del Código civil francés. Se define como el contrato que celebran dos personas naturales capaces, de sexo diferente o del mismo sexo, para organizar su vida en común (Título XII, arts. 515-1 y ss).

D) *Un tronco común aún plenamente vigente.*

La perennidad del Código Civil también puede verse como una prueba de su solidez y flexibilidad. Estos últimos años, el legislador ha reconocido el valor simbólico del Código al revitalizar el título I del libro I, desde ahora intitulado "de los derechos civiles". La inserción en el artículo 9 del derecho a que la vida privada sea respetada (1970), del deber de cooperación con la justicia en el artículo 10 (1972), de reglas que garantizan el respeto al cuerpo humano en el artículo 16 (1994) y en los artículos 17 a 33 de los principios rectores de la nacionalidad (1993, estos principios habían desaparecido del Código Civil en 1927), restituye al Código Civil el carácter de texto de referencia para el derecho civil en general.

La introducción del Pacs, reclamada por los partidarios de este, como la incorporación de la firma electrónica en el año 2000 en el derecho de la prueba, muestra en qué medida el Código se encuentra abierto a la modernidad. Pero no solo se ha multiplicado la introducción de nuevos injertos al Código Civil, sino que el tronco del Código conserva aún plenamente su vigencia. La jurisprudencia continúa fundándose en sus artículos más generales (544, 1129, 1134, 1371, 1382 y 1384) para dirimir conflictos inéditos en materia de derecho civil, e incluso del derecho del trabajo o económico.

SECCIÓN 2: LA INFLUENCIA DEL CÓDIGO CIVIL FUERA DE FRANCIA.

El jurista francés tiende fácilmente a exagerar la influencia del Código Civil fuera de Francia o a desconocer las razones de ella y de sus limitaciones. Fue por la fuerza de las armas, en gran parte, que se introdujo el Código Civil en Europa durante la época napoleónica (I). No obstante, su "imagen revolucionaria" es la razón principal de que se haya conservado en varios países con posterioridad a 1814 (II). En especial, son sus cualidades intrínsecas las que explican principalmente su influencia como modelo para las codificaciones realizadas en el mundo en el siglo XIX y, en menor medida, en el siglo XX (III).

I. UNA EXPANSIÓN VINCULADA AL IMPERIALISMO NAPOLEÓNICO.

Convencido de que el Código Civil (sin ser una ley "perfecta") era el "Código del siglo", Napoleón I aspiró a que su aplicación fuera lo más amplia posible. Su aplicación no solo se extendió a los territorios anexados al Gran Imperio (A), sino que fue objeto de intensas presiones sobre los Estados vasallos o aliados a Francia, con el objeto que el Código Civil se transformara —según una expresión de Bigot de Préameneu en 1807—, en el "derecho común de Europa" (B).

A) LA APLICACIÓN DEL CÓDIGO CIVIL EN EL GRAN IMPERIO.

Al promulgarse el Código Civil en 1804, Francia comprendía 9 departamentos correspondientes a Bélgica y Luxemburgo actuales (desde

1795), 4 departamentos Renanos (desde 1800), el departamento de Lemán con Ginebra (desde 1798) y 6 departamentos Piamonteses (desde 1802, reducidos a 5 en 1805). En todos estos territorios, el Código Civil se aplicó íntegramente, lo mismo que otras leyes francesas. En los departamentos belgas y en la ribera izquierda del Rin, donde anteriormente la introducción de la legislación francesa había ocasionado la abolición del régimen feudal y la aparición del matrimonio civil y el divorcio, la publicación del Código Civil (en francés) no significó un cambio repentino, por lo que en esta zona el derecho francés fue relativamente popular.

La situación fue un poco diferente en los nuevos departamentos creados con posterioridad a 1804: 3 departamentos provenientes de la República de Génova (1805), 4 departamentos de Toscana y Parma (1808), 2 departamentos alrededor de Roma (1810), 13 departamentos de Holanda, las ciudades hanseáticas y diversos Estados alemanes (como el ducado de Arenberg) y, por último, el de Valais (1810). En estas regiones, la legislación francesa (que inspirada en las leyes de la Constituyente condujo a la abolición parcial de los derechos feudales) traía cambios brutales y contrariaba proyectos anteriores de codificación. En Holanda, durante el reinado de Luis Bonaparte, se había publicado un Código Civil —"el Napoleón holandés", descrito como una "bombonera francesa repleta de pralines holandesas"— similar al modelo francés, sin embargo contenía diferencias bastantes notables (por ejemplo, en materia de regímenes matrimoniales o los derechos reales de origen feudal). Napoleón I, quien en 1807 había ordenado a su hermano introducir "su" Código, impuso a principios del año 1811 las leyes y la lengua francesa. Con ello fueron arrollados los esfuerzos por adaptar el Código Civil, como había ocurrido en el antiguo ducado de Arenberg, donde se introdujo el Código Napoleón con modificaciones en 1808-1809.

B) El Código Civil en los Estados satélites de Francia.

La introducción del Código Civil fue rápida en el reino de Italia, que se encontraba bajo el Gobierno de Napoleón. Prescindiendo de los esfuerzos de codificación emprendidos durante la República cisalpina y de las opiniones de juristas italianos que preconizaban la supresión del divorcio y del régimen legal de comunidad, en 1806 se promulgó el Código Napoleón en una traducción oficial al italiano. Este se aplicó en Lombardía-Venecia, Módena y en la región de Le Marche, así como en las provincias ilirias. El nuevo régimen inmueble fue acogido en forma bastante favorable por la población, no así el derecho de familia francés, que generó una actitud de recelo en la población.

En el reino de Nápoles el proceso fue más complejo. En junio de 1806, Napoleón presionó a su hermano José para que adoptara el Código Civil: "Todo lo que no esté ligado a usted se destruirá en un par de años, y lo que quisiera conservar se consolidará". Con todo, el emperador no descartaba la posibilidad de suspender la introducción del divorcio. En 1808, en cambio, Napoleón se opuso a las veleidades de Murat (que entre tanto se había convertido en rey de Nápoles) de acondicionar el Código: a partir de entonces consideró que el divorcio era el "fundamento" del Código Napoleón. A partir de 1809, el Código se tradujo y entró en vigencia en el sur de Italia (excepto en

Sicilia, que escapaba a la dominación francesa). En la práctica, el divorcio no se utilizó y el nuevo régimen inmueble generó rechazo.

En los Estados alemanes de la Confederación del Rhin (de la que Napoleón era protector), se recurrieron a "insinuaciones leves y no escritas" para obtener que se adoptara el Código Civil. Las gestiones tuvieron éxito particularmente en los Estados que eran más cercanos a Francia. En el reino de Westfalia de Jerónimo Bonaparte, el Código Napoleón fue traducido y entró en vigencia en 1808. Pero los registros del estado civil se encargaron a los ministros del culto y ciertas cargas feudales se mantuvieron hasta su rescate, lo que generó descontento entre los campesinos. Asimismo, en el gran ducado de Berg el Código francés se introdujo en 1809-1810 con facultad de rescate de los derechos feudales que no habían sido suprimidos. El gran ducado de Baden, que gozaba de mayor independencia, siguió una vía ligeramente distinta al publicar el *Badisches Landrecht* (1809), una versión del Código Napoleón con indicaciones que incorporaban algunos acondicionamientos (por ejemplo, una clara ampliación de la acción de investigación de la paternidad). En Francfort el Código Napoleón se aplicó a partir de 1811 con numerosas excepciones (el divorcio no era posible para los católicos). Por el contrario, los proyectos que alguna vez se habían estudiado para aclimatar el Código francés en Baviera (1808-1810) y en los estados de Danhalt, Hesse o de Nassau se postergaron definitivamente. Una gran parte de Alemania (con Sajonia y por supuesto Prusia) se mantuvo refractaria al Código Napoleón, a pesar del interés de muchos juristas de ese lado del Rhin por la codificación francesa.

En el gran ducado de Varsovia creado en 1807, se introdujo el Código Napoleón en aplicación de la nueva constitución en 1808. Aplicado en su versión francesa (las traducciones al polonés no tenían ningún carácter oficial), el Código Civil suscitó mucha oposición: la nobleza polonesa temía los efectos de la abolición del vasallaje (a pesar de conservar el dominio de las tierras) y criticaba el sistema hipotecario, nostálgica del régimen prusiano de publicidad inmueble. Finalmente, el clero (cuyos miembros habían sido encargados de los registros del estado civil, salvo en Varsovia) logró que fracasara la introducción del matrimonio civil y del divorcio.

II. LA ELECCIÓN DE MANTENER EL CÓDIGO CIVIL.

Después de 1814 y la caída de Napoleón, el Código Civil fue derogado por muchos Estados europeos, en un ambiente de revancha nacionalista y reaccionaria. Sin embargo, se siguió asociando el Código francés a las ideas de la Revolución francesa (especialmente con el fin del régimen feudal) y continuó siendo el ejemplo de una legislación moderna: así, se mantuvo vigente en muchas partes de Europa, con amplio consenso de la población. Su conservación "provisoria" en muchos casos se extendió por decenios, por ejemplo en Ginebra de 1816 a 1912. En función de la duración de este fenómeno y de la importancia de los territorios concernidos, debe distinguirse especialmente el caso de Bélgica (A), de Polonia (B), de Renania (C) y de Italia (D).

A) Del reino de los Países Bajos a una Bélgica independiente.

En 1814-1815 se constituye el reino de los Países Bajos, que reunía bajo la soberanía neerlandesa a Bélgica y a las antiguas Provincias Unidas. Con la conformación del nuevo Estado se estableció una comisión de codificación. El proyecto de Código Civil de la comisión generó mucha resistencia, especialmente de parte de los diputados de las provincias belgas. En 1826 se había logrado un acuerdo y el nuevo código (bastante similar en su contenido al Código Napoleón) debía entrar en vigencia en 1831. La revolución belga, durante el verano de 1830, perturbó estos planes. El Gobierno provisorio belga revocó inmediatamente el decreto que publicaba el Código neerlandés. La reacción nacional y liberal se tradujo en un movimiento a favor del derecho francés: si bien la constitución belga preveía la posibilidad de una revisión del Código Civil, lo que se conservó a partir de 1831 fue el Código Napoleón. A pesar de que con posterioridad a esta fecha este fue objeto de muchas modificaciones legislativas —a partir de 1851, en materia de privilegios e hipotecas, en 1908 se admitió la investigación de la paternidad, en 1932 y 1958 se abolió la incapacidad de la mujer casada— se ha dicho que Bélgica se mantuvo más leal incluso que Francia al Código de 1804 (así, conservó las reglas sobre el divorcio a pesar de que fueron derogadas o modificadas en Francia).

Por el contrario, en los Países Bajos el sentimiento nacional inspiró la adopción de un nuevo Código Civil, en 1838. Aunque manifestaba expresamente la intención de alejarse del modelo francés, este Código Civil (vigente hasta 1992) contenía muchos artículos inspirados en el Código Napoleón. Por último, en Luxemburgo se mantuvo en vigencia el Código Napoleón con posterioridad a 1814 y este fue objeto de modificaciones importantes solo a partir del siglo XX.

B) El caso polonés.

El Congreso de Viena instauró un reino de Polonia gobernado por el zar ruso, cuya constitución de 1815 mantuvo en vigencia las leyes anteriores. De esta manera, el Código Napoleón se conservó a grandes rasgos, pero con importantes modificaciones en materia de hipotecas (1818) y sobre todo en cuanto al matrimonio (al someterse en 1836 el matrimonio al derecho confesional y suprimirse el divorcio). A pesar de las reticencias de la nobleza polonesa, el Código francés (traducido y aplicado en ruso) fue defendido, a lo largo del siglo XIX, por una población que veía en aquél un símbolo de independencia en relación al poder ruso. El Código se conservó en el centro de Polonia luego de su reconstrucción en 1918, en 1933 fue reemplazado en materia de obligaciones por un nuevo código y, a fines de 1946, fue completamente derogado.

C) El combate de las poblaciones renanas.

Con la caída de Napoleón, el Código Civil fue derogado en la antigua Westfalia (básicamente Hanóver), logró mantenerse en el enclave de

Oldenbourg, el gran ducado de Baden (bajo su forma específica), el Palatinado Bávaro e incluso en los antiguos departamentos de la ribera izquierda del Rhin, así como en los territorios del ex-gran ducado de Berg anexados a Prusia en 1814. En estas regiones, los intentos por introducir el Código prusiano se enfrentaron, durante la primera mitad del siglo XIX, al rechazo de los Estados provinciales. La poderosa burguesía renana e incluso una parte de la nobleza manifestaron su lealtad al Código francés, vigente hasta la promulgación del BGB en 1900 (con una sala especializada en derecho francés en la Corte de Justicia del Imperio, a partir de 1879).

D) La diversidad italiana.

En 1814-1815 el Código Napoleón fue derogado en la mayoría de los Estados italianos: Lombardía-Venecia (reemplazado por el Código austriaco de 1811, salvo en el derecho hipotecario), Piamonte (donde el antiguo derecho se restauró firmemente), en los Estados de la Iglesia, Modena, Toscana y de manera más progresiva en el reino de Nápoles (el divorcio fue suprimido en 1815 y el derecho de sucesión reformado en 1816, antes de la adopción de un nuevo código en 1819). La legislación francesa se mantuvo vigente algún tiempo más en Parma y Piacenza (hasta 1820, bajo el Gobierno de María Luisa) así como en Génova, cuyos territorios fueron anexados a Piamonte, pero no fueron sometidos al derecho piamontés sino hasta 1837. El caso del principado de Lucca, donde el Código Napoleón fue aplicado hasta la promulgación del Código Civil italiano en 1866, es excepcional. Incluso en los casos en que se mantuvo el Código francés, las disposiciones que los Estados italianos de la Restauración no podían tolerar sobre el matrimonio civil y el divorcio le fueron amputadas.

Con todo, el Código Napoleón siguió desempeñando un rol muy importante en la vida jurídica de Italia durante el siglo XIX, a pesar de algunas manifestaciones contrarias a la codificación (especialmente en Toscana). En primer lugar, varios Estados se dotaron de un Código Civil más o menos inspirado en el modelo francés. Así, las leyes civiles del reino de Dos Sicilias (1819) son muy similares (exceptuando el caso del matrimonio únicamente religioso) en su esquematización y contenido al Código Napoleón. Lo mismo en el caso del Código Civil de Parma (1829) y en menor medida en el Código piamontés de 1837 *(Codice civile Albertino)*, más conservador (en materia de potestad paterna, sucesiones y como siempre en el matrimonio). Posteriormente, a causa de los vínculos del Código francés con el principio de igualdad civil, aquél constituyó un elemento de consenso entre los partidarios del liberalismo y los militantes de la unidad nacional. En 1859, el diputado toscano Montanelli exclamaba: "¡Viva el reinado de Italia, viva Victor-Emmanuel rey de Italia, viva el Código Napoleón!". Al producirse la unificación de Italia, se introdujo el Código Napoleón en algunos territorios incorporados al Piamonte (en las Legaciones pontificias en 1859), antes que el nuevo reino se dotara, en 1865, de un Código Civil que presentaba numerosas similitudes con su primogénito francés (en la introducción del matrimonio civil, pero no del divorcio). Así, el Código Napoleón dejaba de ser un símbolo y pasaba a ser un modelo.

III. La influencia de un modelo.

Durante los siglos XIX y XX, el Código Civil francés inspiró el movimiento de codificación en Europa, incluso en países en que no se había introducido la legislación napoleónica (A). Su influencia fue igualmente notable en América (B), donde en muchos casos los nuevos Estados se inspiraron de un texto que se consideraba liberal y moderno. La difusión del Código Napoleón en Asia y África estaba más vinculada a la influencia de los modelos europeos y al fenómeno de la colonización (C).

A) El Código Civil y la ola de codificación en Europa.

Durante el siglo XIX, el Código Napoleón fue (bastante más que los Códigos prusiano y austriaco) un ejemplo a seguir para todos los Estados que querían codificar su derecho civil. La doble faceta del Código francés, a la vez "liberal" pero confiable, la claridad de lenguaje (en una época en que el francés gozaba de un gran prestigio) y sus cualidades técnicas (realzadas por la doctrina jurídica francesa que era difundida por muchas traducciones) explican que tanto el esquema como las reglas del Código francés hayan sido imitados por otras codificaciones nacionales.

El Código Civil italiano de 1865 (vigente hasta 1942), que considera las particularidades nacionales (como el rechazo del régimen legal de comunidad o del divorcio) o los perfeccionamientos posteriores a 1804 (del régimen hipotecario, por ejemplo), es uno de los mejores ejemplos de estas adaptaciones del modelo francés. El Código Civil portugués de 1867 fue igualmente influenciado por la legislación napoleónica (incluso si su esquema es original y si no acepta el divorcio) y aún más todavía el Código rumano de 1864. Este último, realizado poco después de la unificación de Rumania, durante el reinado del príncipe Alexandre Ion Cuza, utilizó el Código Napoleón como fuente de aproximadamente dos tercios de sus artículos. Este fue considerado un injerto y fue rechazado durante mucho tiempo por la población mayoritariamente campesina, afectada por el fraccionamiento en las sucesiones. Hoy en día es considerado más bien como una etapa del desarrollo y modernización (con la introducción del matrimonio civil) del derecho rumano, hasta 1918. En España, donde por mucho tiempo el mal recuerdo de la dominación napoleónica anuló la imagen del Código francés, la codificación del derecho civil en 1889 adoptó varios elementos (más de 250 artículos transcritos casi literalmente, como el artículo 213) del Código Napoleón (aunque dio primacía al matrimonio religioso indisoluble). Esta ola de codificación inspirada por los franceses concluyó con la promulgación del BGB alemán (1900) y del ZGB suizo (1907-1911).

B) Un destino desigual en América.

En los territorios franceses de América el Código Napoleón fue aplicado exclusivamente a los colonos y cohabitó con la esclavitud (reestablecida en 1821) en Martinica y Guadalupe hasta 1848. El mismo año en que se promulgó el Código Civil, Francia perdía Santo Domingo y los antiguos esclavos proclamaban la independencia de la república de Haití. No obstante, a esta derrota militar francesa le siguió una victoria jurídica: se introdujo el Código Napoleón en francés en Haití (1816-1826), se extendió entre 1822 a 1844 a toda la Isla de la Española y se mantuvo desde entonces en Haití y República Dominicana (donde finalmente fue traducido al español), con algunas modificaciones.

De la misma manera, el Código Civil irradió su influencia en Luisiana y en Quebec, territorios que habían sido franceses hasta 1803 y 1763, respectivamente. En 1808, el Estado de Luisiana adoptó un Código Civil en francés que mezclaba disposiciones extraídas del Código Napoleón y del derecho español. Nuevos códigos fueron elaborados en 1825 y 1870, pero progresivamente la práctica de los tribunales fue asimilándose a la de los países del *common law*. En el Bajo-Canadá (1806), a pesar de que el Código Civil se inspiraba en parte del derecho francés (tanto del antiguo derecho como del Código Napoleón), el reciente Código Civil de Quebec (1991) dependió menos de este legado.

Conocido y apreciado rápidamente en los Estados de América del Sur recientemente independizados, el Código Civil francés sirvió de modelo para las codificaciones en Bolivia (Código del mariscal Santa Cruz, 1830), Costa Rica (1841), Perú (1852), Chile (1855, cuyo principal redactor, Bello, se inspiró en gran medida de Portalis), Argentina (1869) y Salvador (1880). Desde entonces, algunos de estos códigos han sido reemplazados; y, en Brasil (1917) la influencia del Código Napoleón tuvo que competir con la del BGB.

C) Una exportación limitada en África y en Asia.

En los continentes africano y asiático, la influencia del Código Napoleón fue más restringida, a pesar de la extensión del Imperio colonial francés. En sus colonias, Francia optó la mayoría de las veces por mantener el derecho local como *estatuto personal* de los indígenas. A pesar de los intentos de la jurisprudencia por expandir el imperio del Código Civil (aplicable a los ciudadanos franceses), especialmente en Algeria, el mantenimiento de este estatuto personal impidió una asimilación completa del derecho francés. Con posterioridad a la independencia, se elaboraron varios acuerdos entre la tradición musulmana o consuetudinaria y la legislación moderna, la que en ciertos casos retomó el modelo del Código Civil (por ejemplo, para el Código Civil algeriano de 1975 sobre las obligaciones). En los países bajo protectorado y mandato, se habían publicado códigos sobre las obligaciones (para Tunes en 1906, para Marruecos en 1913, para el Líbano en 1932) que se inspiraban del derecho francés.

Fuera de la esfera colonial francesa, la influencia del Código Napoleón se manifestó en los Estados preocupados de modernizarse. Tal fue el caso de Egipto, que imitó al derecho francés en un código mixto (1875) y un código nacional (1883). Apreciado en Turquía (donde los otros códigos franceses habían sido imitados en el siglo XIX) y en Japón (gracias a Boissonade, quien había elaborado un proyecto de Código Civil en 1890), el Código Napoleón fue suplantado en estos dos países por las codificaciones alemana (Código

Civil japonés de 1898) y suiza (Código Civil turco de 1926). El resplandor del Código Civil francés había encontrado allí sus límites más extremos.

Leer también

- Cavana A., "L'influence juridique française en Italie au XIXe siècle", *Revue d'histoire des Facultés de droit et de la science juridique,* n°15, 1994, p.87-112.
- Coing H. (dir), *Handbuch der Quellen und Literatur der neueren europäischen Privatrechtsgeschichte,* t. III, vol. 1 a 5. Múnich, 1982-1988.
- *La circulation du modèle juridique français,* Trabajos de la Asociación Henri Capitant, tomo XLIV, Litec, París, 1994.
- Schubert W., *Franzosisches Recht in Deutschland zu Beginn des 19.* Jahrhunderts, Colonia-Viena, 1977.
- Schulze R. (dir), *Franzosisches Zivilrecht in Europa wahrend des 19.* Jahrunderts, Berlín, 1994.

El Código Civil de Jean-Louis Halpérin
se imprimió en la República Argentina en febrero de 2019.

www.ingramcontent.com/pod-product-compliance
Lightning Source LLC
LaVergne TN
LVHW082240051026
849532LV00012B/4061
9789563924039